12

Lk 137.

RÉVOLUTION

DE

LA MARTINIQUE,

*Depuis le premier Septembre 1790
jusqu'au 10 Mars 1791.*

RELATION

DE ce qui s'est passé à la Martinique depuis
le 1er Septembre 1790, et Réponse au Mémoire intitulé : Mémoire de M. Damas,
Gouverneur de la Martinique, sur les
troubles de la Martinique, signé Damas,
sans nom d'Imprimeur.

JE n'ai aucun moyen de prévoir dans quelles dispositions seront les esprits, lorsque ma lettre vous
parviendra ; il est donc nécessaire que je me borne
à faire connoître les vues générales, et toujours paternelles de sa majesté : elle approuvera de votre part
tout ce qui tendra à concilier, à réunir toutes les
classes de ses sujets, et spécialement à établir la

A

plus grande harmonie entre les citoyens et les troupes réglées.

Extrait de la lettre de M. de la Luzerne, ministre de la Marine, à M. Damas, gouverneur de la Martinique, du 12 Juin 1790.

M. Damas, chargé du gouvernement de la Martinique, et s'y regardant comme le repréfentant du roi, devoit se conformer *aux vues paternelles de sa majesté*, concilier *les classes de françois* qui habitoient cette colonie, & faire chérir la révolution dans ces climats éloignés, comme Louis XVI la faisoit chérir en France. On lit le mémoire (1) de ce gouverneur; on n'y trouve que le langage d'*un chef de parti* qui discute les intérêts des planteurs, de l'assemblée coloniale, qui prodigue les injures, les imputations calomnieuses; il eft donc réfuté complettement, en lui rappelant la regle de fa conduite que le roi lui avoit fait tracer par son ministre. Lorsque son rappel ordonné par le décret du 29 Novembre, l'aura éloigné du tourbillon dans lequel on le fait rouler depuis si long-tems, il verra peut-être avec effroi ce qu'il a fait; il reconnoîtra, mais trop tard, ce que les principes de la nouvelle constitution lui prescrivoient : nous l'attendons à ses remords.

On s'est servi de son nom pour dénaturer les faits, pour en omettre, pour en supposer : les

---

(1) Ce mémoire a été rédigé à la Martinique, le 10 Mars 1791.

comptes qui seront rendus aux commissaires du roi, les pieces qui seront produites, mettront au grand jour les principes destructifs de la constitution, par lesquels l'assemblée coloniale a constamment dirigé son parti; mais il faut détruire des impressions fâcheuses; les forces nationales vont arriver, nos ennemis maîtres de la mer, iront au-devant d'elles : déjà ils se sont revêtus des couleurs de la révolution que jusqu'à présent ils avoient foulées aux pieds, qu'ils disoient être le signe de la révolte (1); ils emprunteront la voix du patriotisme; ils semeront la calomnie, car ils ne peuvent se promettre de succès qu'en trompant les hommes. Il faut donc ne rien oublier pour nous faire entendre; les amis de la constitution seront bientôt d'accord avec nous, et les faits leur prouveront que nous n'avons jamais eu d'autres sentimens que ceux qui les animent.

Situation de la Martinique au 1er Septembre.

L'ASSEMBLÉE coloniale régnoit sur la Martinique et sur le gouverneur; elle tenoit dans les casemates du Fort-Bourbon et dans les prisons de la ville du Fort-Royal, les citoyens de S.-Pierre qu'elle avoit arrâ-

_____

(1) M. Damas, dans le mois de Juin, fit dépouiller deux Bordelois de l'uniforme national : ce fait est prouvé par des actes authentiques.

chés de leurs foyers le 1 3 Juin; elle faisoit poursuivre les uns par une commission du conseil supérieur, après avoir injustement dépouillé leur juge naturel; et quant à ceux contre lesquels les formes de la justice ne fournissoient aucun moyen de vengeance, elle avoit décidé, par un arrêté du 8 Août, qu'ils se-roient embarqués pour France *comme perturbateurs du repos public*. Leur détention étoit si rigoureuse, que leurs parens même ne pouvoient les voir, et que, pour leur faire passer les plus légers secours, on prenoit les mêmes précautions qu'à la Bastille et dans toutes les odieuses prisons d'état.

M. Damas, dans un mouvement de sensibilité, avoit écrit le 24 Août, au directoire de l'assemblée coloniale : « Je vois avec beaucoup de peine ap-
» procher le moment de mettre à exécution l'ar-
» rêté du 8 Août, relativement à l'expulsion des
» personnes détenues pour la malheureuse affaire
» de Saint-Pierre, *contre lesquelles il n'y a aucune*
» *preuve juridique;* j'aperçois des inconvéniens con-
» sidérables à l'exécution rigoureuse de cet arrêté,
» tant à cause des fausses interprétations qu'on
» peut donner aux motifs qui ont déterminé l'as-
» semblée, qu'à cause des suites qui peuvent en
» résulter...... Il paroît contraire aux regles de la
» justice, *de chasser des gens d'un pays sans ju-*
» *gement légal*..... J'invite le directoire à user
» d'indulgence, du moins en diminuant, autant

» qu'il sera possible, le nombre des gens à faire
» passer en France : *il y en a parmi eux qui ont*
» *femmes, enfans, etc.* ».

Le directoire, quoiqu'il siégeât dans la ville
du Fort-Royal, à côté de M. Damas, (1) avoit
resté sept jours sans répondre à cette lettre, où
l'accent de l'humanité laisse apercevoir la foiblesse de l'homme en place, et fait desirer le ton
de l'homme libre. Enfin le 31 Août, le président
répond au gouverneur que personne ne pouvoit toucher à ce que l'assemblée avoit fait le
8 : les malheureux prisonniers, en attendant leur
sort, imploroient la pitié des soldats chargés de
les garder.

---

(1) L'assemblée coloniale avoit fait main-basse sur l'administration, sur les deniers de la nation, et sur ceux de la
colonie; elle avoit destitué M. Foullon, intendant, et
tous les officiers d'administration brévetés par le roi; elle
les avoit expulsés de la colonie. Pour diriger ses opérations
de finances, pour exécuter ses vengeances, elle avoit formé
dans son sein un directoire composé de vingt-un membres,
dont sept devoient toujours être en activité. Comme l'assemblée s'étoit investie des pouvoirs législatifs et administratifs, le directoire avoit une double fonction fondée sur
la réunion des deux pouvoirs. C'est devant la constitution
une espece de monstre dont l'idée n'a pu se concevoir, à la
Martinique, que pour tyranniser avec plus d'activité, sous
une nouvelle forme, les amis de la révolution.

A 3

Les troupes étoient encore retenues dans une espece d'esclavage ; l'assemblée coloniale, à l'exemple de celle de Saint-Marc, avoit tenté de les
mettre à sa solde, et de les détacher en quelque
sorte de la nation, en leur offrant une haute paye.
(1) Les soldats du régiment de la Martinique,
ceux de l'artillerie, avoient résisté à cette offre
insidieuse ; mais leurs chefs ne leur laiſſoient parvenir aucune lumière ; ils les tenoient éloignés des
citoyens, et ne ceſſoient de répandre des faveurs
particulières ſur les grenadiers, par lesquels ils
espéroient contenir tous les autres (2).

Vainement le ministre avoit-il écrit à M. Damas, le 12 Juin, « il s'est passé ici, Monsieur,
plusieurs événemens dont vous pourriez n'être pas
encore instruit. Il a été écrit aux troupes de terre
& de mer, pour autoriſer leur fédération avec les
milices nationales, et leur permettre de prêter le

_____

(1) Arrêté du 27 Juillet.

(2) Chacun sait que le nommé le Riche avoit été livré,
ainsi qu'un citoyen du Fort-Royal, au sénéchal de cette
ville, ſous le prétexte calomnieux qu'ils avoient voulu sou-
lever les grenadiers contre l'assemblée coloniale, & que le
sénéchal, vendu à cette assemblée, avoit rendu des sen-
tences de mort & de flétrissure contre ces infortunés qui
réclament en France la justice de la nation. Le 27 Juillet,
l'assemblée coloniale décréta une pension de 200 livres en
faveur du grenadier Deſpaux, leur dénonciateur.

serment civique, *c'est une mesure à laquelle vous devez vous conformer* ». M. Damas n'avoit point exécuté cet ordre, et craignant sans doute que la fédération ne se fît d'elle-même par l'élan naturel des François, il avoit empêché qu'on ne célébrât la fête du roi ; il n'avoit permis aux soldats de se réjouir que par compagnies seulement, & l'une après l'autre, à différens jours.

D'un autre côté, la ville de Saint Pierre étoit sous le joug. Elle s'étoit refusée à l'établissement d'une municipalité anti-constitutionnelle que l'assemblée coloniale avoit voulu lui donner dans son système oppressif (1). Elle avoit adressé ses plaintes à l'assemblée nationale, et attendoit avec patience ses décrets : les soldats qui compofoient la garnison n'avoient aucune espèce de liaison avec les citoyens auxquels ils s'étoient rendus redoutables depuis qu'ils avoient marché, au mois de Juin, contre cette ville malheureuse : personne n'osoit seulement y porter l'uniforme national, depuis que M. Damas avoit contraint deux Bordelois à le quitter. L'abattement étoit général , et si on concevoit l'espoir de recouvrer un jour la liberté de la nouvelle conftitution , on ne l'apercevoit que dans un éloignement désespérant.

_____

(1) Arrêté du 6 Août sur l'organisation des municipalités.

Le premier Septembre à midi, les deux compagnies du régiment de la Martinique, en garnison au Fort-Bourbon, formèrent avec trois mouchoirs un pavillon national, & l'arborerent au bastion qui domine la ville du Fort-Royal ; elles assurerent ce signal de la liberté par deux coups de canon à poudre ; vingt-cinq hommes descendirent pour réclamer les citoyens détenus à la geole de la ville.

Leur projet, inspiré par le seul patriotisme, n'avoit été communiqué à personne, et les citoyens étoient inquiets de savoir quelles en seroient les suites, lorsque M. Damas s'avança vers le détachement, le détermina à remonter au Fort-Bourbon, et y monta lui-même, suivi de quelques grenadiers, et de plusieurs officiers de la garnison et de la marine.

Lorsqu'il fut au pont-levis, la garde l'invita à entrer, mais déclara qu'elle ne recevroit point les grenadiers ; ceux-ci persuaderent à M. Damas qu'il étoit exposé ; il hésita un instant, et eut la foiblesse de se laisser entraîner, même avec tant de précipitation, qu'il passa par un sentier difficile où il tomba, et se blessa à la cuisse ; pendant ce tems, des ordres particuliers avoient fait doubler la garde de la géole.

Le Maire de la ville voyant que M. Damas avoit manqué l'occasion d'écouter les réclamations

des soldats, pensa qu'il devoit y suppléer, **et**
proposa de monter au Fort-Bourbon pour les entendre. Le directoire étoit assemblé ; il appuya
l'opinion du maire avec priere de l'exécuter promptement, et les officiers municipaux partirent à
trois heures après midi : alors le pont Cartouche,
par lequel on sort de la ville, n'avoit que sa
garde ordinaire.

La Municipalité trouva à moitié chemin une
députation de dix hommes, sans armes, chargés,
par la garnison du Fort-Bourbon, d'une mission
particulière, qui ne devoit être connue que dans
l'hôtel-de-ville ; elle redescendit avec eux, et
s'applaudit de ce que ses vœux étoient prévenus.
A sa rentrée dans la ville, elle rencontra au pont
six grenadiers, la bayonette au bout du fusil,
qui se rangerent de chaque côté ; le maire avança
seul, en imposa aux grenadiers, et fit respecter la
députation.

Arrivés à l'hôtel-de-ville, les Députés récla-
merent par écrit le drapeau national, et prierent
la municipalité et les citoyens de monter ensemble
au Fort-Bourbon, pour y faire le serment civique.
Cette démarche, qui ne portoit assurément pas le
caractere de la révolte, eut l'approbation de la
municipalité, qui en fit aussi-tôt part à M. Damas
et au directoire. Ceux-ci adhérerent à la demande.
Le maire se transporta à l'église, y prit le drapeau

national ; plusieurs citoyens se réunirent à lui ; et on marcha vers le Fort-Bourbon.

Les six grenadiers étoient encore avec la garde au pont Cartouche, ayant à leur tête M. Coatlés leur officier. Il s'opposa au passage du cortege ; le maire déclara qu'il avoit l'aveu du général ; on lui opposa la consigne, et un officier municipal se détacha pour obtenir un ordre par écrit.

Alors parurent vingt grenadiers qui se joignirent à la garde du pont, et entourerent le drapeau national ; vingt-cinq fusiliers qui venoient au-devant du drapeau, parurent sur le chemin du Fort-Bourbon : on étoit en présence ; le général arriva, il se mit avec le maire entre les deux partis ; mais les grenadiers et leur capitaine s'élancerent sur le drapeau national, en briserent le bâton, et l'arracherent de force au citoyen qui le portoit. Le maire le réclama ; ils coucherent en joue, et tandis que leur tambour battoit la prise du drapeau, le détachement de fusiliers remonta au Fort-Bourbon, sur la promesse de M. Damas, qu'il y iroit lui-même le lendemain ; les citoyens consternés rentrerent dans la ville. La garnison du Fort-Bourbon, tourmentée d'inquiétudes, tira deux coups de canon à boulets ; mais elle s'arrêta aussi-tôt que le détachement annonça l'intention de M. Damas, de monter le lendemain.

Pourquoi ce général n'a-t-il rien dit dans son mémoire sur cette premiere journée ? Il y parle uniquement de l'effet que produisit dans les campagnes le bruit de l'insurrection des soldats, et il évite les détails où il trouvera toujours sa condamnation ; il se croit justifié en disant que des soldats sont révoltés, et il craint d'avouer qu'ils ont fait une réclamation au nom de l'humanité ; qu'ils l'ont faite sous l'étendard de la liberté nationale ; qu'on ne les a pas entendus ; qu'ils se sont jetés dans les bras de la municipalité ; qu'on les en a écartés ; qu'on a attaqué, insulté le drapeau national qui étoit leur sauve-garde ; qu'on les a provoqués, et qu'au même instant on ne s'occupoit que des moyens d'opposer la résistance à une demande qui devoit être écoutée par tout être pensant.

M. Damas convient que *sur une réquisition du directoire, il donna les ordres à toutes les milices et aux habitans de se rendre au Lamentin, pour s'opposer, s'il étoit possible, au dessein des révoltés ;* il ne dit pas qu'il donna ordre le même jour aux cinq compagnies qui formoient la garnison de Saint-Pierre, de partir à l'instant pour venir à son secours.

Ce fut à 10 heures du soir que cet ordre arriva à Saint-Pierre ; à peine y apprenoit-on confusément les événemens du Fort-Bourbon : bien loin d'y avoir participé, tous les esprits étoient dans l'étonnement ; et il redoubla en voyant les postes levés, sans qu'il fût pourvu au remplacement. Quelques citoyens coururent chez le commandant pour se faire autoriser à garder les endroits les plus importans, et toute la troupe partit vers minuit, sans bagage.

Le 2, les prisonniers qui étoient dans les casemates furent délivrés ; la garnison envoya une nouvelle députation à la municipalité, pour renouveler sa réquisition ; et encore irritée de l'injuste résistance de la veille, elle tira plusieurs coups de canon. Le général, le directoire parurent reconnoître la faute ; ils arrêterent que la municipalité monteroit au plus vîte au Fort-Bourbon, dont le feu cessa dès qu'il en fut instruit. Le drapeau qui avoit été reporté dans la nuit à l'hôtel-de-ville, reparut au milieu des officiers municipaux et de la députation, avec une escorte plus nombreuse de citoyens patriotes ; il passa au milieu de trente grenadiers qui étoient au pont avec leur officier, et qui lui présenterent les armes ; il fut arboré à côté des trois mouchoirs au bastion, qui prit le nom de bastion de la liberté ; et il fut salué de vingt-un coups de canon, et des cris de vive la nation, vive la loi, vive le roi.

Pendant ce tems, les soldats en garnison au Fort-Saint-Louis et les grenadiers eux-mêmes

délivrerent les citoyens qui étoient dans les prisons
de la ville, et les conduisirent au Fort-Bourbon.
La garnison fut pénétrée de joie; mais elle déclara
du haut des remparts, que les prisonniers seuls
entreroient, et que les grenadiers devoient se retirer. Le pont se baissa ; neuf grenadiers hasar-
derent d'entrer, et ils furent arrêtés : leur conduite
avoit inspiré une trop juste défiance.

Cependant, il ne suffisoit pas d'avoir rendu la
liberté à des citoyens malheureux, il falloit encore
leur en assurer la jouissance ; et le maire, qui
fixa son séjour au Fort-Bourbon pour ne l'abandonner, dit-il, qu'après une entière pacification,
députa vers M. Damas, pour l'engager à venir,
par sa présence, ramener l'ordre et calmer les esprits ; mais M. Damas fit répondre qu'il étoit au
lit, et qu'il ne pouvoit satisfaire à la réquisition.
M. Félix, capitaine des chasseurs du régiment de
la Martinique, arrivoit alors de Saint-Pierre avec
ses cinq compagnies ; il s'offrit pour parlementer ;
la garnison l'accepta : un officier municipal, un
citoyen et des soldats allerent au-devant de lui, et
il monta à six heures du soir avec quelques-uns
de ses chasseurs ; mais il ne put rien déterminer
dans ce jour.

Le lendemain à trois heures du matin, une
assemblée, composée des officiers municipaux,
de commissaires nommés par les compagnies, par

les citoyens du Fort-Royal, et par les citoyens délivrés de prisons, et de M. Félix, décida qu'il
falloit consulter la ville de Saint-Pierre, lui faire
une adresse, et envoyer une députation pour lui
demander des commissaires qui pussent aviser aux
moyens de tout accommoder. La députation fut
formée aussi-tôt, et M. Félix se chargea d'obtenir
l'approbation de M. Damas.

Celui-ci avoit fui pendant la nuit ; il s'étoit retiré
sur l'habitation de M. Maupertuis, *dite la Trom-*
peufe, et là librement et sans aucune contrainte,
il sanctionna la demande qui étoit faite à Saint-
Pierre par ces mots au bas de l'adresse, *j'approuve*
la députation ci-dessus, signé *Damas.* M. Chabrol, colonel du régiment de la Martinique, monta
au Fort-Bourbon avec plusieurs officiers, et toute
la garnison, tant du fort Saint-Louis que du fort
Saint-Pierre, drapeaux déployés, musique en tête
il manifesta ses vœux pour la paix, et descendi
tranquillement, lorsqu'il reconnut, par le dépar
de la députation, que tous les vœux y tendoien
également ; le régiment qui se trouvoit réuni
n'exprimoit avec les soldats du corps royal d'artil
lerie que le même sentiment.

La garnison du Fort-Bourbon s'appliqua à s
maintenir dans le plus grand ordre ; M. Roussel
plus ancien capitaine, fut reconnu pour comman
dant ; les clefs lui furent confiées ; chaque officie

se mit à la tête de sa compagnie ; et tous ensemble prêterent dans le bataillon carré, le serment d'être fideles à la nation, à la loi et au roi.

M. Damas se tait sur ces détails ; il prétend même n'avoir pas autorisé la nomination des commissaires de Saint-Pierre ; mais il convient *fol.* 21 que M. Félix alla le trouver au Lamentin, et qu'il donna le sauf-conduit à la députation qui alloit demander ces commissaires. Un sauf-conduit exprimé par ces mots, *j'approuve la députation,* est certainement une autorisation formelle.

Il n'est pas moins essentiel d'observer, que le 2 M. Damas se défendoit de monter au Fort-Bourbon, sous prétexte que sa chûte le retenoit au lit, et que le 3, malgré sa chûte, il fuyoit loin du Fort-Royal ; il prétend « que dans la nuit du 2 au 3 » le désordre et le tumulte furent à leur comble » au Fort-Royal, que les officiers n'étoient plus » écoutés, qu'ils étoient même en danger, qu'il » n'y avoit plus moyen de ramener les soldats » ; mais dans ces vagues inculpations, il ne leur impute aucune réclamation injuste, ni même aucun fait coupable ; en sorte qu'il est tout à la fois démontré, que d'un côté les soldats n'ont fait autre chose qu'opérer la délivrance des prisonniers, qu'il avoit demandée lui-même, et dont le refus lui avoit présagé des suites funestes, et que de l'autre

sa fuite et celle des officiers (1) qui l'ont suivi,
est ou une lâcheté impardonnable à des chefs
qu'aucune difficulté ne doit arracher à leurs postes,
ou une affreuse suggestion du directoire qui lui
avoit fait convoquer les milices au Lamentin, et
qui, pour aucun prix, ne vouloit consentir à la
liberté de ceux que l'assemblée avoit illégalement
détenus.

Pour mieux apprécier cette fuite, il suffit de
connoître la lettre que M. Damas écrivit le 6 à
M. Clugny, gouverneur de la Guadeloupe; après
une relation succincte et infidele, il dit, « dès
» que les grenadiers ont eu quitté le Fort-Royal,
» j'en suis parti pour me réunir aux habitans......
» MM. Lobengue (2) et Chabrol, et la plupart
» des officiers sont restés au Fort-Royal; ils tra-

(1) M. Castella, major du régiment de la Martinique,
M. Durouil, commandant d'artillerie, et tous les officiers
du corps Royal, à l'exception de M. Pelardy. Ceux-ci vouloient entraîner avec eux leurs soldats; il est même certain
que, dans la journée du 2, ils leur firent faire quelques mouvemens, & préparer des mortiers contre le Fort-Bourbon;
mais leurs soldats ouvrirent les yeux, & se refuserent à les
suivre.

(2) Major-commandant au Fort-Royal; il fit un serment
entre les mains de la municipalité, & promit de rester à sa
place, mais il n'y fut pas long-tems fidele : il partit le lendemain.

» vaillent

» vaillent tant qu'ils peuvent à empêcher que le
» désordre ne soit porté aux derniers excès ».
Que les françois fixent leur opinion sur un représentant du roi qui convient qu'il a fui des forts
pour se réunir à des hommes qui fuyoient eux-
mêmes la justice qu'on leur demandoit, et qu'il
s'est déchargé sur quelques officiers du soin de
contenir ses soldats (1)!

_____

(1.) Le portrait de M. Damas a été tracé par ceux même
qui dirigent aujourd'hui ses actions; l'assemblée coloniale
écrivoit à ses députés en France, le 4 Avril 1790 (la lettre est
signée de Dubuc fils, Guignod, Gallet Saint-Aurin, Dubuc,
Derivery et le Merle) : « Nous avons beaucoup de respect
» et d'attachement pour M. le vicomte Damas, mais nous
» ne vous dissimulerons pas que nous le croyons peu propre
» à tenir les rênes du gouvernement dans les circonstances
» où nous nous trouvons. . . . . . ; avec les plus excellentes
» qualités, il a peu d'énergie ; il flotte, il hésite, quand il
» s'agit d'agir pour la moindre chose; il s'inquiète et s'al-
» larme à tout propos, et nous tient par-là dans des appré-
» hensions continuelles ». Ces Messieurs, pour soutenir la
foiblesse de M. Damas, lui tiennent la main quand ils le
font écrire; à la date de cette lettre, il y avoit dix jours qu'il
étoit revenu dans la colonie; et le lendemain, il tomba dans
un état de folie, d'où il est sorti pour exécuter la marche
contre Saint-Pierre au mois de Juin. Revenu de l'expédition
au Fort-Royal, le sieur le Merle craignant que M. Damas
n'eût quelque remord, écrivoit au président Dubuc qui
avoit séjourné en chemin : « Je ne l'abandonne pas d'un ins-

B

Cependant la ville de Saint - Pierre offroit le tableau le plus intéressant; après le départ de sa garnison, elle forma une assemblée chez M. Molérat, major commandant, et arrêta que ledit sieur Molérat et les officiers de la sénéchaussée seroient priés de continuer leurs fonctions pour la police, et que les citoyens les seconderoient de tout leur zèle; que l'ancienne forme des districts abolie par l'assemblée coloniale seroit reprise provisoirement et jusqu'au retour de la garnison, pour la sûreté de la ville, et qu'il seroit sur-tout reconnu que tout individu sans exception est sous la protection des loix, et sous la sauve-garde publique, afin que personne ne fût inquiété, et que la tranquillité la plus profonde régnât dans la ville. (1).

Elle resta pendant trois jours étrangère aux événemens du Fort-Bourbon; lorsque la députation arriva, la vue des malheureuses victimes qui venoient d'échapper à la tyrannie, excita des transports d'allégresse; le peuple s'assembla, mais sans

---

» tant, il ne voit que moi et l'ami......; venez, mon » cher chevalier, venez m'aider à fortifier le général dans » ses bonnes dispositions ».

M. Soter écrivoit : « J'ai employé auprès du général la » raison suffisante ».

(1) Procès-verbal du 2 Septembre.

tumulte, pour dévorer le récit de leur délivrance, et lorsqu'il fut question de nommer des commissaires, il renvoya leur nomination aux assemblées partielles de districts ; il demanda que la ville de Saint-Pierre ne travaillât pas seule à une affaire aussi importante, et que toutes les paroisses de l'Isle fussent également invitées à y concourir par des commissaires ; il se montra vraiment digne de la liberté.

Le 4, les districts s'assemblèrent ; douze commissaires furent nommés au scrutin, et revêtus de pouvoirs indéfinis ; un corps de volontaires se disposa à se rendre au Fort-Bourbon pour partager avec les troupes et les citoyens du Fort-Royal l'avantage de garder les forteresses de la nation ; ils y étoient spécialement invités par le commandant du Fort-Bourbon (1), les anciens membres de la municipalité furent rappelés ; des adjoints leur furent donnés pour former un conseil de ville ; une invitation circulaire fut adressée à toutes les paroisses de l'Isle pour qu'elles nommassent des commissaires et concourussent à un traité que le bon accord pouvoit rendre très-facile.

Au Fort-Royal ceux qui tenoient à l'assemblée coloniale, soit qu'ils en fussent membres,

_____

(1) Lettre de M. Roussel, commandant, du 3 Septembre 1790.

soit qu'ils fussent dans les mêmes principes, avoient parti avec le directoire ; les citoyens se formerent en gardes nationales, dont ils déférerent le commandement à M. Chabrol, colonel du régiment; ils nommerent aussi des adjoints à la municipalité pour entretenir le bon ordre dans la ville; mais aucun mouvement ne tendoît à des hostilités.

A la campagne au contraire tout se bouleversoit ; dès le moment de la fuite de M. Damas et de ses adhérens, on s'étoit constitué en armée, dont les mulâtres formoient la plus grande partie ; ils étoient séduits par l'ordre de marche donné aux milices, et ceux des villes étoient entraînés par des insinuations perfides; dès le premier jour on avoit été dans leurs maisons leur dire qu'ils couroient des dangers, que le peuple vouloit les égorger; avec ces craintes on les excitoit à la fureur. L'armée fut bientôt grossie par les esclaves arrachés à leurs atteliers; le directoire décida qu'elle seroit commandée par le plus ancien officier de troupes réglées à grade égal (1); M. Damas sanctionna; M. Durouil se chargea des expéditions; la compagnie des grenadiers fut envoyée à la Trinité, et le camp général s'établit au Gros-Morne en se défendant de toute communication avec

_____

(1) Relation de M. du Rouil déposée à la municipalité de la Basse-Terre.

Saint-Pierre et le fort Royal; cela se faisoit avant qu'on n'eût écouté personne, et toutes les démarches de ce parti n'étoient combinées depuis le premier jour que pour écarter toute conciliation, et pour faire la guerre; M. Damas ne peut le nier, car il dit, au *fol.* 6 de son mémoire : « en » peu de jours les Colons se trouverent réunis » au Gros-Morne, et leur petite armée fut orga- » nisée....... Ils jurerent de tout sacrifier pour la » défense de leurs droits, de leur liberté, de leurs » propriétés et de la constitution que l'assemblée » nationale leur avoit donnée (1) ». Leurs droits, leur liberté, leurs propriétés n'étoient point atta- qués; la constitution décrétée par l'assemblée na- tionale n'étoit point violée; leur serment de les con- server étoit donc chimérique; leur but étoit de

---

(1) L'assemblée coloniale, bien loin d'être attachée à ce que l'assemblée nationale avoit décrété le 28 Mars, s'en est toujours plaint amérement; elle écrivoit à ses députés le 25 Mai 1790 : « Voilà quels seront les infaillibles effets de la » *vicieuse constitution* que vous nous avez envoyée......... » Avez-vous donc oublié ce que c'étoit que la Martinique ? Ne » saviez-vous pas, qu'à la rigueur, *les planteurs* y étoient » les seuls vrais citoyens....... ? Nous espérons que, bien » avertis par nos instructions, vous ne perdrez jamais de » vue que la colonie ne peut être heureuse, qu'autant que » les *planteurs* auront la plus grande influence dans la légis- » lation, etc. ».

B 3

soutenir l'amour propre de leur assemblée coloniale et de son directoire, de se refuser à une
réclamation qui prouvoit son injustice et la violation
qu'elle avoit faite elle-même de la constitution.

Eh! qui s'en étonnera quand on reconnoîtra
dans cette conduite les conseils atroces que le
sieur Blanchetiere-Bellevue, député de l'assemblée
coloniale, et non de la colonie auprès de l'assemblée nationale, donnoit à ses commettans? Il leur
écrivoit le 13 Juin en se livrant à la diatribe la
plus amère contre la révolution. (1). « *Je vous*
» *avertis que vous n'aurez jamais que ce que vous*
» *prendrez ; prenez donc & soyez inflexibles..... Ce*
» *qu'on n'accordera pas à votre droit, le sera à*
» *votre force; le moment des réclamations violentes*
» *est arrivé pour vous comme pour toute la France....*
» *Je me conduirai avec la modestie d'un enfant,*
» *tant qu'il y aura espoir de ne pas perdre mon*
» *procès ; mais quand je me verrai à la veille*
» *d'une catastrophe, je crierai, j'écrirai, je ferai*
» *l'enfer et je partirai ; j'irai parmi vous, Messieurs,*
» *comme ce matelot Anglois, qui, mutilé par*
» *les Espagnols, se présenta à la barre du par-*
» *lement, encore tout ensanglanté, & détermina*
» *la guerre* ».

_____

(1) Les lettres de ce député ont été trouvées avec les papiers du directoire qu'il a laissés au Fort-Royal, lors de sa
fuite précipitée.

N'est-il pas évident que le directoire a obéi à son député, et a saisi l'occasion de se maintenir par l'affreuse combinaison d'une guerre civile?

Ce même député, dans le tems qu'il captoit ici la bienveillance de MM. Dillon et Moreau, députés par l'assemblée coloniale, écrivoit sur leurs comptes les injures les plus grossières à ses commettans; il leur faisoit craindre d'avoir le premier pour gouverneur, le second pour directeur de l'administration : la licence et l'ingratitude de cet écrivain incendiaire à leur sujet cessera de surpendre, quand on saura qu'il a poussé le délire de l'audace et de l'atrocité à s'expliquer sur l'assemblée nationale en ces termes : « il n'y a personne occupé de la chose publique ; tout ce qui ne menace pas l'assemblée d'une manière prochaine lui paroît nul : partagée dans son sein en deux partis qui se déchirent, qui s'insultent, tout ce qui n'est pas livré à l'une des deux factions n'existe pas, *c'est un antre sauvage*, c'est, comme on l'a déjà dit, *une caverne d'antropophages*, parmi lesquels il y a quelques honnêtes gens et quelques gens qui ont beaucoup d'esprit ». C'est ainsi que de Paris M. Blanchetiere dirigeoit l'assemblée coloniale de la Martinique.

Tous ceux des colons qui sentirent le vice des principes de l'assemblée, céderent avec empresse-

ment à l'invitation de S. Pierre, et envoyerent
leurs commissaires au Fort-Bourbon ; il en vint suc-
cessivement des paroisses du Carbet, du Prescheur,
du Macouba , de la Grand-Ance , de Ste Marie ,
de la Basse-Pointe, du Gros-Morne , du Lamentin, des Ances d'Arlets , du Diamant , du Marin ; et avec ceux de S. Pierre et du Fort-Royal , ce
fut en tout 14 paroisses sur 27 dont les habitans
patriotes furent représentés au fort Bourbon ; celles du Vauclin et de la Riviere-Pilote, nommerent
aussi leurs commissaires , mais ils n'eurent pas la
faculté de se rendre ; d'autres habitans se réunirent aux volontaires, au moins tant que l'armée
du Gros-Morne le permit; mais cette armée ne
tarda pas à s'étendre sur toute la campagne , à faire
marcher de force ceux qui s'y trouvoient, à menacer de la ruine , de la dévastation ceux qui lui
résistoient; et ces horribles menaces ont été plus
horriblement mises à exécution ; mais suivons les
événemens.

Il en est un qu'il ne faut pas omettre, quoique
détaché , pour ainsi dire , des autres , parce qu'il
a été totalement dénaturé par le parti de l'assemblée, et qu'on s'en est servi pour jeter la préven-
tion dans les esprits ; le vaisseau, l'*Illustre* et la
frégate *la Sensible*, firent le 4 quelques mouvemens qui annoncerent l'intention d'appareiller ; les
capitaines de navires marchands qui étoient en hi-

vernage au Fort-Royal, en furent alarmés ; ils voyoient avec peine que le commerce alloit rester sans protection , et ils se présenterent avec quelques citoyens à la municipalité , pour déterminer une députation à bord de *l'Illustre* , engager le commandant à rester et à faire rentrer tous les bâtimens dans le bassin ; cette députation ne put rien obtenir , elle fut même repoussée durement ; le vaisseau, la frégate et une corvette appareillerent , et par le rapport que M. Durand Debraye, commandant, en a fait en France , il paroît qu'il y fut forcé par l'équipage, craignant de rester trop long-tems dans ces mers; la garnison du Fort-Bourbon redouta que ces bâtimens ne tournassent leurs armes contre elle , ou n'empêchassent l'effet de sa députation ; elle crut pouvoir les forcer à rentrer, et leur tira quelques coups de canon , mais hors de portée, et il ne resta que le brik *la Levrette* qui devoit faire partie de la nouvelle station.

Le 5 , les commissaires de S. Pierre arriverent au Fort-Royal, et n'eurent qu'à se féliciter des sentimens pacifiques dont les garnisons et les prisonniers délivrés firent profession; le même soir, ils tirerent des prisons douze mulâtres qui y étoient détenus pour l'affaire du 3 Juin; ils se flattoient que cet acte de générosité dissiperoit les terreurs qu'on avoit inspirées aux gens de couleur, et leur ouvriroit les yeux sur les moyens que le directoire employoit pour les retenir en armes.

Les commissaires ne purent également se refuser à rendre la liberté à cinq citoyens de Cayenne qui avoient été adressés de cette isle au directoire, pour être envoyés avec plus de certitude en France, et que pour cela il retenoit en prison.

Le 6, ils écrivirent, d'accord avec la municipalité du Fort-Royal et l'état-major du Fort-Bourbon, à M. Damas, et l'inviterent à faire rentrer chacun dans ses foyers, et à faire nommer dans toutes les paroisses, comme S. Pierre l'avoit déjà demandé, des commissaires, afin de traiter les intérêts de tous d'une maniere générale ; ils le prierent d'indiquer lui-même un lieu pour les conférences.

La réponse fut un refus : M. Damas ne l'adressa par affectation qu'à la municipalité du Fort-Royal, et elle annonçoit que l'assemblée coloniale étoit convoquée pour le 9.

Les commissaires insisterent, et firent sentir que sur le point dont il s'agissoit, l'assemblée coloniale ne pouvoit être compétente, qu'il falloit des commissaires *ad hoc* nommés par toute l'isle.

La réponse fut encore un refus ; et ici il est facile de connoître qui est ce qui soufloit l'esprit de la guerre ; le mémoire de M. Damas, *folio* 7, dit de ceux qu'il appelle chefs de parti ; « leurs let- » tres et leurs discours en public sembloient an-

» noncer des intentions pacifiques, mais *on savoit*
» qu'il régnoit à S. Pierre et au fort Royal une
» grande fermentation attisée sourdement etc. »
Dans une lettre qu'il écrivit le 9 Octobre à M. Du-
barail, membre de la députation de la Guadeloupe,
et imprimée dans les différens comptes rendus par
cette députation, il dit: « ceux qui me font aujour-
» d'hui si ouvertement la guerre, ont d'abord
» annoncé les intentions les plus pacifiques ; mais
» lorsqu'ils n'ont pu rien opposer à mes justes rai-
» sons .... ils ont tenté de faire passer cet atten-
» tat pour une juste défense, etc. ».

M. Damas veut persuader que le parti de
S. Pierre avoit de mauvaises intentions, quoiqu'il
n'en manifestât que de bonnes ; le parti qu'il sou-
tient étoit bien différent, car s'il avoit de bonnes
intentions, il en a toujours manifesté de mauvaises.

Ainsi l'assemblée coloniale étant réunie au Gros-
Morne, le réquit de s'opposer à la nomination de
commissaires conciliateurs; il le déclare au *folio*
21 de son mémoire.

Ainsi il nous apprend, *folio* 4, qu'elle prit le
11 Septembre, un arrêté tendant à se lier les grenadiers du régiment de la Martinique, et les officiers de ce corps et du corps royal d'artillerie,
qui avoient abandonné leurs drapeaux, et à pour-

voir à ce que les intérêts de ces messieurs ne fussent point sacrifiés (1).

Ainsi le même jour, sous le prétexte mensonger que les planteurs ne pouvoient plus, (il falloit dire, ne vouloient plus,) communiquer avec les

(1) L'assemblée coloniale ne cesse de crier que les soldats de la Martinique ont été soudoyés par la ville de Saint-Pierre, pour opérer la révolution du Fort-Bourbon; la preuve du contraire, c'est que cette ville a resté dans l'inaction pendant trois jours, et n'a agi ensuite qu'en faisant des propositions de paix; mais l'esprit d'intrigue qu'on lui suppose est tout entier dans l'assemblée coloniale, et se dévoile par l'arrêté du 11 Septembre; celle-ci, dans une lettre du 28 Février 1790, disoit à ses députés, en parlant du régiment de la Martinique....... : « Si, contre notre attente, ces stipendiaires venoient à s'exhalter jusqu'au délire par l'effet d'une générale insubordination, nous serions sans doute assez nombreux pour nous défendre contr'un seul régiment....... Nous venons d'être témoins inquiets d'insurrections qui nous ont appris que l'épée qui doit nous défendre peut nous asservir; et que, semblables à la tête de Méduse, il faut les avoir dans la main pour n'en être pas pétrifiés....... ». Avec des sentimens aussi humilians pour les soldats françois, l'assemblée n'ayant pas réussi à les enchaîner par ses offres d'une haute paye, a dû se déchaîner contre l'humanité et le patriotisme de la garnison du Fort-Bourbon, et elle sembloit le redouter, lorsqu'au mois d'Avril, elle écrivoit à ses députés de demander un *régiment étranger,* sans doute parce qu'elle pensoit qu'il seroit aussi étranger à la révolution.

capitaines de navire, ni leur faire parvenir leurs denrées, elle arrêta que les denrées pourroient être prises par les étrangers dans toutes les ances de la colonie, ou portées dans toutes les isles étrangeres.

Ainsi, le 14, elle ordonna formellement la guerre à M. Damas, & lui enjoignit d'employer toutes les forces qu'il avoit pour soumettre les réclamans (1).

Quoique dise aujourd'hui M. Damas, nous ne pouvons nous empêcher d'observer, que dans ces premiers tems, il étoit souvent en contradiction avec l'assemblée, et cette contradiction est une arme terrible contre son mémoire; il avoit, comme on l'a vu, autorisé précisément la députation

_____

(1) Arrêté du 14 Septembre : « L'assemblée coloniale » considérant....... que la proposition de nommer quatre » commissaires, étoit énoncée comme une idée particuliere » de M. Chabrol, et une négociation qu'il entreprenoit de » son chef, *que ce colonel du régiment de la Martinique,* » *n'avoit aucun caractere légal à cet effet.....* Arrête qu'elle » seule est compétente pour entendre les réclamations qui » pourroient être faites, et que les réclamans doivent » d'abord poser les armes, et rentrer dans le devoir; et » que M. le Gouverneur est *prié de nouveau* de mettre en » usage toutes les mesures et tous les moyens qui concernent » le pouvoir exécutif, et lui appartiennent pour les y rame- » ner ». *Signé* Dubuc fils, vice-président, Rigordy, secrétaire.

par laquelle la garnison et les prisonniers du Fort-Bourbon avoient demandé des commissaires à S. Pierre ; il adoptoit donc personnellement la nomination des commissaires pour cette ville ; il l'auroit donc adoptée également pour les autres paroisses, comme un moyen sûr de rétablir la paix, comme un de ces moyens sur lesquels il avoit d'avance l'approbation du roi : donc lorsqu'il dit aujourd'hui, *folio* 18 de son mémoire, *que cette nomination étoit inconstitutionnelle, et qu'il eût outre-passé ses pouvoirs, en y adhérant,* on ne peut voir dans cette phrase que l'insinuation de l'assemblée coloniale.

On la voit également, lorsqu'il dit *folio* 21, *qu'il défendit toute assemblée de paroisses qui eût eu pour objet de nommer des commissaires, & que S. Pierre passa outre,* tandis que les commissaires de S. Pierre avoient été nommés aussi-tôt son autorisation qui avoit précédé de huit jours sa défense, tandis que cette défense même n'eut lieu que lorsque les commissaires demandoient qu'il en fût nommé dans toute la colonie, et que ceux de plusieurs paroisses leur étant déjà réunis, formoient la même demande avec eux.

Quand M. Damas, dit *folio* 18, « qu'il a dû
» voir dans l'assemblée coloniale les seuls et vrais
» représentans de la colonie, qu'il dût apperce-
» voir tous les piéges renfermés dans la proposition
» insidieuse de nommer des commissaires, faite

» avec l'apparence de la bonne foi, mais où l'in-
» tention perçoit par l'exclufion donnée auxmem-
» bres de l'assemblée coloniale.... que les colons
» réunis fe seroient constamment refusés à ces
» nouvelles élections, etc. » Il est bien certain que
ce ne fut pas lui qui aperçut tout cela, puisque
les trois personnes qu'il envoya au Fort-Royal le
22 Septembre pour manifester ses dispositions,
établirent formellement comme moyens de paix,
que les décrets provisoires de l'assemblée coloniale
et ses fonctions demeureroient suspendus jusqu'aux
décrets de l'assemblée nationale ; M. Damas sen-
toit donc, comme l'assemblée nationale l'a senti
elle-même depuis, que la paix tenoit à la suspension
de l'assemblée coloniale ; mais celle-ci aimoit
mieux bouleverser la colonie, que suspendre ses
fonctions.

Pour ne rien omettre de ce qui doit jeter la lumière sur les événemens, il faut placer ici quelques faits particuliers dont l'influence a été incal-
culable.

Un boucher du Fort-Royal avoit ses bestiaux
dans une savanne du Lamentin ; il alla en chercher
le 8 Septembre ; des mulâtres armés non seulement
les lui refusèrent, mais ils en disposèrent même
pour eux, M. Grandmaison, officier municipal, et
M. Lavau, commissaire de S. Pierre, y furent députés pour les réclamer ; ils se présentèrent au maire

du Lamentin, ne purent en obtenir justice, furent insultés par les mulâtres, et ne dûrent leur
salut qu'à la précipitation de leur retraite.

Des postes se formoient en s'approchant chaque
jour du Fort-Royal ; on ne pouvoit sortir de cette
ville, sans être exposé aux plus vives insultes ; le
sieur Acquart, habitant voisin, fut enlevé sur son
habitation, et conduit au Gros-Morne ; ses bestiaux lui furent pris ; plusieurs particuliers éprou-
verent au Lamentin & dans d'autres quartiers de
fort mauvais traitemens.

Tous ces faits mirent l'aigreur dans les esprits ;
la ville de S. Pierre conçut des alarmes, et en se
rappelant du passé, elle sentit la nécessité de pourvoir à sa défense ; les moyens lui en avoient été
ôtés après l'expédition de l'assemblée coloniale du
9 Juin ; il ne lui étoit resté aucune munition de
guerre ; elle en tira du Fort-Royal, et fit part de
sa position aux isles voisines. Elle eut dès ce moment à craindre que le refus obstiné de toute conciliation n'annonçât dans le directoire le dessein de
la prendre au dépourvu, & de faire marcher les
mulâtres et les negres contre elle, ne fût-ce que
pour balancer la force dont il s'étoit privé, en
s'éloignant du Fort-Bourbon.

C'étoit déjà un véritable état de guerre ; il en-
traîna des mesures plus étendues ; il fut fait recensement des vivres existans dans les magasins de S.
Pierre,

Pierre, et la crainte d'une disette prochaine fit prendre des précautions pour empêcher l'exportation hors la colonie; il en fut pris également pour prévenir les fraudes dans l'envoi des objets de consommation pour l'intérieur de l'isle, de manière qu'ils ne fussent expédiés que par médiocre quantité, et avec certitude qu'ils seroient rendus à leur destination.

M. Damas avance dans son mémoire, *folio 9*, que Saint-Pierre avoit pris l'affreuse résolution d'affamer les habitans et leurs atteliers, qu'elle avoit défendu la sortie de tous comestibles pour les campagnes; c'est par cette injuste assertion insérée dans les papiers publics, dite et répétée sans cesse, que l'assemblée coloniale a voulu justifier le soulévement des negres, leur fuite des atteliers, leur réunion en compagnies, leur armement & toutes les horreurs qui en ont été la suite. Mais que devient une telle justification, lorsqu'il est certain au contraire que plusieurs quartiers de l'isle ont les premiers empêché l'approche de ceux de Saint-Pierre, notamment le Lamentin, où l'on retint tous les canots servant à la communication, et dont le canal fut fermé à son entrée par un bateau armé, lorsque les quartiers qui ont voulu correspondre avec Saint-Pierre en ont toujours tiré leurs subsistances jusqu'à l'instant où l'armée du Gros-Morne leur a ôté la communication et les a

C

punis d'en avoir eu ? Les preuves en sont multipliées à l'infini ; on les trouvera notamment dans
les expéditions du domaine ; mais un seul rapprochement de dates est une démonstration sans ré-
plique ; c'est le 11 Septembre que l'assemblée coloniale a pris cet arrêté qui doit seul lui attirer
les vengeances de la nation, d'ouvrir toutes ses ances aux étrangers, et de leur envoyer toutes ses
denrées. M. Damas dit, *folio* 14, *qu'il fut forcé
de sanctionner ce décret*, parce que Saint - Pierre
avoit défendu la sortie de tout le comestible pour
les habitans ; mais à cette époque Saint-Pierre n'a-
voit pas même encore pris le parti de surveiller
l'exportation de ses vivres (1). C'est donc l'assem-

___

(1) Extrait des délibérations du conseil de ville de Saint-
Pierre, séance du 14 Septembre 1790 : « Considérant que le
» vœu des districts statué par l'article IV de son arrêté, en
» forme de réglement du 11 *de ce mois*, porte que toute
» expédition suspecte de vivres seroit scrupuleusement sur-
» veillée, même dénoncée par tout particulier qui en auroit
» connoissance pour user des moyens propres à en arrêter le
» cours ; que la malignité peut donner à cette prohibition un
» sens absolument contraire aux motifs qui l'ont déterminée ;
» déclare qu'elle est l'effet du recensement pris des comes-
» tibles existans dans les magasins de Saint-Pierre, et qu'elle
» n'a eu pour objet que d'empêcher l'exportation, hors de
» la colonie, des vivres dont la circonstance fait appré-
» hender la prochaine disette ; déclare de plus que, dans
» cette prohibition, ne sont et ne peuvent être compris les

blée coloniale qui , d'après ses antiques projets de scision, a la premiere rompu les relations de Saint-Pierre avec l'intérieur de la colonie ; et si de grands maux ont suivi cette rupture , elle seule en est responsable , et ne pourra sans doute les réparer.

L'un de ces maux a été la ruine certaine des armemens du commerce de France , dont les fonds étoient répandus dans la colonie. Pour la prévenir, autant qu'il étoit possible, les villes de Saint-Pierre et du Fort-Royal firent la réquisition au commandant de la marine d'expédier tous les bateaux du roi qui étoient dans le port , et en les faisant croiser au vent de l'isle , de faire échouer des projets si contraires aux intérêts de la métropole. Il y en eut trois d'armés ; ils ne sortirent pas avant le 20 Septembre , et ils furent bientôt plus occupés à protéger le long de la côte la communication de Saint-Pierre avec le Fort-Royal, qu'à s'opposer aux entreprises qui se faisoient au vent de l'isle. M. Da-

----

» objets de consommation qui pourroient être envoyés dans
» l'intérieur de la colonie; et néanmoins, pour prévenir la
» fraude et les malheurs qui peuvent en être la suite, arrête
» qu'aucun envoi ne sera fait par canots, pirogues, ba-
» teaux ou goëlettes , même par charge de negres au-dessus
» de 50 livres pesant, que sur un permis des officiers du
» conseil de ville , de service; et à la charge, par celui qui
» fera l'expédition, de rapporter la preuve, *que les vivres*
» *expédiés* sont arrivés à leur destination, etc. ».

mas s'épuise vainement à rendre ce fait sous les
couleurs les plus noires, à représenter douze corsaires bloquant tous les ports, arrêtant tous les
bâtimens qui apportoient des vivres, faisant échouer
toutes les embarcations, &c. Ces exagérations ne
peuvent tromper, et la nation verra que cet armement n'a été qu'une inutile ressource contre les
pernicieux desseins de l'assemblée coloniale; elle
verra lequel des deux partis a été vraiment attaché aux intérêts de la mere patrie.

Cependant les troupes se maintenoient au Fort-
Bourbon dans le plus grand ordre; leur profession
de foi signée du colonel, des officiers, des sous-offi-
ciers et soldats, répondra éternellement aux soupçons odieux dont on a voulu flétrir leur conduite.
« La délivrance des citoyens détenus dans les
» prisons, disent-ils, a été notre premier desir ;
» nous ne pouvions l'opérer que sous les auspi-
» ces de la nation, et son pavillon a été pour
» eux le signal de la liberté. . . . Le sentiment
» de l'honneur qui nous a inspirés, ne nous a
» pas permis de croire que notre action fût sus-
» ceptible de blâme; nous sommes certains qu'elle
» sera applaudie par tous les bons François. . . .
» Si nous avons été obligés d'en venir à ce grand
» mouvement, ce n'est point pour nous soustraire
» à l'autorité, mais au contraire pour la faire
» mieux respecter, et l'on peut nous en croire,

» car nous agissions ci-devant en aveugles , et
» nous serons aujourd'hui conduits par les lumieres
» de toute la nation. Personne ne doit craindre
» les suites de cet événement glorieux; il ne fait
» tort à personne, et si quelqu'un en gémissoit ,
» il montreroit qu'il n'est pas bon François ».

De leur côté, les commissaires réunis, ardens
à saisir tous les moyens d'amener la paix, pu-
blierent le 10 Septembre, une déclaration par laquelle , en invitant tout le monde à la fraternité
et à l'amitié, aux sacrifices des opinions et des
ressentimens , pour se rallier à la conftitution , en
promettant à tous, et notamment aux gens de couleur, qu'il ne seroit commis contre eux aucune
hostilité, qu'ils ne seroient inquiétés ni recher-
chés en rien pour les événemens paffés (1). Ils

---

(1) Ceux des gens de couleur, qui ont eu confiance
dans ces promesses, ont resté à Saint-Pierre, y ont exercé
leurs métiers paisiblement, sans être contraints ni à prendre
les armes, ni à aucune espece de service, et sans être inquiétés en rien. La conduite de Saint-Pierre, à leur égard,
répond d'une maniere tranchante à tous les écrits par lesquels l'assemblée coloniale a voulu se faire des partisans en
France, parmi les patriotes mêmes, en insinuant qu'elle étoit
la protectrice des mulâtres , et que Saint-Pierre les persécu-
toit. Ce masque hypocrite ne peut tenir long-tems, et l'on
reconnoîtra, d'un côté, que l'événement malheureux du
3 Juin ne fut point l'effet de la haine contre les mulâtres,

annoncòient en même tems que si leur invitation étoit repoussée, si les démarches hostiles qui s'é- toient déjà commises contre les patriotes conti- nuoient, si enfin le camp du Gros-Morne avoit quelques idées de guerre, et s'il en résultoit des représailles, le général et les membres de l'as- semblée coloniale répondroient seuls à la nation des malheurs qu'ils pouvoient encore éviter.

Cette déclaration ne produisit aucun effet; alors M. Chabrol fut prié de faire une démarche pour la conciliation; les garnisons et les citoyens lui avoient donné leur confiance, parce qu'il avoit resté avec eux, et que nouvellement arrivé d'Eu- rope, ils le croyoient ami de la révolution. Saint- Pierre s'étoit même livré à lui jusqu'au délire. Il écrivit le 12 à M. Damas, pour l'engager à nommer quatre commissaires de son camp, qui se rendroient avec quatre commissaires nommés au Fort-Bourbon, dans un lieu inviolable, hors la portée du canon, et sous un sauf-conduit ré-

---

mais bientôt une suite des mouvemens auxquels on les poussoit; et, d'un autre côté, que, si l'assemblée coloniale les a ralliés en feignant de les défendre contre Saint-Pierre, et en leur faisant des promesses qui n'étoient point dans son cœur, elle n'a eu réellement d'autre but que de s'en faire un rempart à l'abri duquel sa puissance pût être inatta- quable.

ciproque , pour jeter les bases d'une pacification.

Une réponse de M. Damas laissa croire un instant que cette proposition seroit adoptée ; et sans
doute elle devoit l'être , puisqu'il étoit impossible
d'entrevoir la paix , si on ne commençoit pas se
mettre à portée de s'entendre ; mais l'arrêté que
prit l'assemblée coloniale le 14 , détruisit tout
espoir , et l'on verra toujours avec indignation ,
qu'elle y donne pour prétexte que M. Chabrol
n'avoit pas de caractere légal pour proposer une
conciliation , et qu'elle y ordonne la guerre civile.

Il étoit déjà trop clair que M. Damas n'avoit
pas la faculté de suivre des impulsions pacifiques ;
aussi les commissaires se crurent-ils obligés à lui
parler avec énergie pour le rappeler à lui-même.
« Ou vous êtes libre de votre opinion , lui écri-
» virent-ils le 16 , ou vous ne l'êtes pas ; si vous
» êtes libre , pourquoi vous êtes-vous refusé à
» reprendre les rênes du gouvernement , et à sai-
» sir tous les moyens de pacification qui vous ont
» été proposés ? Vous nous abandonnez donc li-
» brement , et vous vous refusez à remplir les
» devoirs de votre place ; si vous n'êtes pas libre,
» votre détention nous oblige à nous choisir un
» chef qui le soit , et que l'amour du bien , le
» salut de la colonie intéressent assez pour se char-

C 4

» ger du pénible emploi qui vous a été déféré
» par la nation et par le roi, qui ait assez de
» force pour leur conserver la colonie, et assez
» de moyens pour s'opposer au décret de l'assem-
» blée coloniale du 11 de ce mois, auquel il ne
» manque que la déclaration formelle de se sou-
» mettre à l'étranger. Nous sommes François, nous
» voulons être François, et nous voulons, aux
» dépens de notre vie, conserver la colonie à la
» nation Françoise ».

M. Damas a sans doute oublié cette lettre, et
puisse-t-elle le faire rougir d'avoir imputé à ceux
qui l'ont écrite, le dessein affreux de livrer les
forts aux Anglois ! nous ne ferons pas ce reproche
aux membres de l'assemblée coloniale ; mais à la
même époque, le sieur Donès, commissaire des
colonies, et créature du directoire, étoit chargé
de demander à la Dominique, ou toute autre isle
étrangere, un brigantin armé, des fusils, des obu-
siers, de la poudre et autres munitions de guerre.
La piece dont il étoit muni, et qui contient toute
la demande au détail, est signée des sieurs *le
Camus, le Merle, Forien, Gallet-S. Aurin, Gre-
nonville, Guignod, Dubuc-de-Rivery,* et *Dubuc
fils,* président du directoire ; elle est déposée à la
municipalité de la Basse-Terre ; peut-être M. Damas en niera-t-il l'existence, car elle n'est pas
signée de lui, quoique chef du pouvoir exécutif ;

elle en prouvera mieux que le directoire seul vouloit la guerre, qu'il la vouloit illégalement, sans regle et sans raison; et s'il déroboit à M. Damas les moyens auxquels il recouroit pour la soutenir, c'est qu'il vouloit lui faire partager plus sûrement l'opprobre de sa conduite.

Un trait frappant vient à l'appui de cette observation. M. Damas (sans doute qu'il étoit seul alors) écrivit le 17 à M. Chabrol, et l'engagea à se rendre sur une habitation, où il enverroit de son côté M. Manoël (1), pour prendre connoissance des prétentions de ceux qui gardoient les forts; il adoptoit donc la proposition que M. Chabrol lui avoit faite, et qui avoit été si cruellement repoussée par l'arrêté du 14; il partageoit donc, quoiqu'en dise son mémoire, les sentimens des commissaires pour parvenir à la paix.

Cette lettre donna matiere à réflexion. M. Manoël étoit un officier attaché à M. Damas; il n'avoit pas pour cette mission l'aveu des auteurs de l'arrêté du 14: ce n'étoit pas annoncer un traité solide que d'envoyer quelqu'un pour connoître

_____

(1) M. Manoël, commandant en second de Sainte-Lucie, étoit auprès de M. Damas au Gros-Morne; il se devoit à l'assemblée coloniale qui, au mois d'Août, l'avoit demandé pour commandant en second à la Martinique, afin de maîtriser tout le pouvoir exécutif.

les prétentions, sans qu'il y eût pouvoir de part
et d'autre de déterminer aucun point. Il n'y avoit
point de sûreté apparente pour M. Chabrol à se
rendre sur une habitation ; cependant les commissaires crurent devoir saisir cette ouverture de paix,
et ils dresserent un aperçu des propositions qui
pourroient être faites, si l'on en venoit définitivement à traiter : M. Chabrol envoya cet aperçu à
M. Damas (1).

Il y étoit question entr'autres choses de pro-
céder au désarmement des mulâtres ; les excès
auxquels ils se livroient tous les jours nécessi-
toient cette demande. Ils avoient poursuivi le 17,
à la Caze-Navire, deux citoyens de S. Pierre (2),
qui n'avoient échappé qu'avec beaucoup de peines,
et en se cachant à travers les cannes. Ils s'étoient
portés à des violences sur l'habitation du sieur
Baugin, avoient maltraité les femmes, les avoient
même couchées en joue. Ces hostilités avoient
forcé des détachemens à sortir du Fort-Royal pour
les écarter ; il en étoit résulté quelques actions
qui, sans avoir été meurtrieres, allumoient l'ani-
mosité ; il paroissoit nécessaire que les mulâtres
qui causoient ces désordres fussent désarmés.

_____

(1) Lettre de M. Chabrol, à M. Damas, du 19 Septembre.

(2) MM. Logné et Charron fils.

L'assemblée coloniale étoit le premier moteur du mal ; il étoit trop certain qu'elle avoit été établie par la force ; qu'elle n'avoit cessé de tyranniser le peuple et de signaler contre lui ses haines et ses vengeances : sa destruction devoit donc être le premier article de la paix. Tous les autres ne tendoient qu'à former une nouvelle assemblée, conformément aux décrets des 8 et 28 Mars (1), qu'à assurer le sort des citoyens délivrés des fers, et soumettre les officiers, grenadiers et autres qui avoient quitté leurs corps au jugement de l'assemblée nationale.

M. Damas répondit (2) que les propositions avoient paru inadmissibles aux habitans ; par ce nom, il ne faut entendre que les membres du directoire qui l'obsédoient, et la démarche fut

_____

(1) Soit oubli, soit tout autre motif, le décret du 8 Mars n'avoit point été publié lors de son arrivée ; M. Damas n'adressa aux municipalités que les instructions du 28 et la lettre du roi : sa lettre d'envoi le constate. Est-ce à cause de l'espece d'amnistie que renferme ce décret ? On l'ignore, mais les commissaires crurent qu'en partant de cette omission, et en déterminant M. Damas à la réparer, il seroit possible de se conformer aux intentions de l'assemblée nationale pour la formation d'une nouvelle assemblée qui auroit de meilleures intentions, et pacifieroit la colonie.

(2) Lettre de M. Damas, à M. Chabrol, du 21 Septembre.

infructueuse ; mais il n'étoit pas encore totalement subjugué, car deux jours après, il envoya lui-même au Fort-Royal MM. Levassor Bonneterre, Laurencin, et Assier du Hamelin avec une lettre de créance portant que ces Messieurs étoient chargés d'entendre les propositions qui pourroient être faites, et manifester ses intentions ; il faut connoître quelle étoit à ce moment la disposition des lieux et des esprits.

Les incursions journalieres des mulâtres, la certitude qu'ils avoient déjà parmi eux quantité d'esclaves, l'opiniâtreté du directoire à repousser toute voie de conciliation alimentoient les craintes pour la ville de Saint-Pierre ; les quartiers de l'Isle qui pensoient comme la ville, n'avoient pas moins à redouter, et ils ne cessoient de donner des avis alarmans ; ces craintes communiquées aux isles voisines y avoient excité la sollicitude des patriotes ; les corps administratifs s'étoient empressés de voter l'envoi de secours ; la municipalité de la Basse-Terre, le comité municipal de la Pointe-à-Pitre, le comité général colonial de la Guadeloupe avoient requis le gouverneur de cette isle de faire partir des forces, et il y avoit donné sa sanction. Le régiment de la Guadeloupe et ses officiers, les soldats de l'artillerie, les citoyens volontaires avoient accouru à Saint-Pierre avec un zèle d'autant plus vif qu'il étoit soutenu par la loi ; le comité de

Marie-Galante, les municipalités de SainteLucie
avoient fait les mêmes démarches et fourni des
volontaires ; M. Chabrol avoit demandé le bataillon
du régiment de la Martinique qui formoit la
garnison de Sainte-Lucie, et l'ardeur de ce bataillon, pour se joindre au reste du corps, n'étoit
retardé que par des circonstances locales.

La majeure partie de ces forces arriva à Saint-
Pierre le 17 Septembre, et leur premier soin fut
de s'unir par une fédération avec les troupes qui
étoient déjà à la Martinique ; les sentimens qui
se manifesterent dans cette réunion furent ceux
du véritable patriotisme ; défendre tous les Colons
contre les ennemis domestiques, inviter tout le
monde à repousser tout projet de combat, à rentrer
dans ses foyers pour prendre paisiblement le parti
qui seroit dicté par la sagesse, ou attendre de
l'assemblée nationale la médiation nécessaire pour
concilier tous les intérêts ; telle fut la profession
de foi de ces généreux freres auxiliaires et conciliateurs, et ils envoyerent une députation de
leurs chefs au Fort-Royal, pour travailler, de
concert avec les commissaires, à l'ouvrage de la
paix ; il seroit au-dessous d'eux de répondre aux
méprisables injures que le mémoire de M. Damas
leur prodigue.

Avec de tels secours, Saint-Pierre pouvoit s'opposer à toute tentative de l'armée du Gros-Morne ;

des postes avancés soutenoient ses environs, et un
détachement de volontaires se porta jusqu'aux
limites qui séparent Sainte-Marie de la Trinité
et du Gros-Morne, pour protéger toute la partie
qui s'étend jusques-là, et dont les habitans se re-
fugioient chaque jour à Saint-Pierre ; mais il avoit
ordre précis de ne point attaquer, et il s'y con-
forma avec exactitude, malgré de fréquentes pro-
vocations.

Une autre partie de troupes de ligne et volontaires se rendit au Fort-Royal, et là se fit encore
la fédération avec les garnisons ; M. Chabrol fut
proclamé commandant général le 21 ; il prêta en
cette qualité le serment solemnel entre les mains
de la municipalité (1), et il reçut celui des troupes ;

_____

(1) Du procès-verbal dressé au Fort-Bourbon le 22 Septembre 1790, par la municipalité et les commissaires réunis,
a été extrait ce qui suit : « Un ban ayant été battu, M. Cha-
» brol a dit : J'accepte le commandement général des
» troupes de ligne et volontaires confédérés, et jure de me
» conformer à tout ce qui sera arrêté par le conseil de
» guerre desdites troupes et volontaires, de répondre en
» mon propre et privé nom de l'exécution de ses délibéra-
» tions, sauf les forces majeures et obstacles insurmon-
» tables, d'être, en toutes circonstances, fidele à la nation,
» à la loi, au roi et à l'armée blanche patriotique, et
» d'employer toutes mes facultés pour faire triompher le
» patriotisme et la justice dans cette colonie, et y rétablir
» la paix et la tranquillité ».

çe fut le premier moment où il fut pourvu au commandement général, et à la formation d'un conseil de guerre. Jusqu'à ce jour l'idée de se constituer régulièrement en armée avoit été écartée par l'espoir de la conciliation, et il fallut tous les refus obstinés du Gros-Morne pour en venir à cette disposition.

On en étoit là quand M. Damas envoya MM. Levassor Bonneterre, Laurencin, et Assier du Hamelin, et véritablement il y avoit beaucoup de chaleur dans les esprits; malgré cela, leur mission étoit agréable à tous, et ils furent reçus avec tous les égards qui leur étoient dus. La première question fut de savoir au nom de qui ils étoient chargés de traiter; ils présenterent leur lettre de créance donnée par M. Damas seul, et sentirent aussi bien que l'assemblée des commissaires que c'étoit insuffisant; ils déclarerent qu'ils alloient repartir pour se procurer les pouvoirs de toute l'armée du Gros-Morne, et firent même espérer que cela ne souffriroit aucune difficulté.

Cependant, comme ils étoient chargés des intentions de M. Damas, qui avoit déjà reçu un aperçu des propositions sur lesquelles on auroit pu traiter, ils desirerent manifester ses intentions, et après s'être retirés pour les rédiger, ils remirent sur le bureau une pièce informe, il est vrai, mais écrite de la main de M. Laurencin, au nom de M. Damas, et qui seule doit justifier toutes les démarches faites par le parti de Saint-Pierre.

On y vit avec plaisir qu'il y établissoit la suspension des décrets de l'assemblée coloniale et de ses fonctions, le rétablissement des officiers de l'administration, la suspension des procédures commencées contre les citoyens, en attendant sur le tout le jugement de l'assemblée nationale ; ses conditions étoient l'oubli du passé, l'indulgence pour tous ; il vouloit donner des congés et un passage pour France aux soldats et aux officiers, qui ayant quitté leur compagnie ne seroient pas rappelés par elles ; il donnoit plusieurs raisons contre le désarmement des mulâtres, et il proposoit cette fête civique qui lui avoit été ordonnée par le roi, et qui devoit servir à la réunion de tous.

Malgré l'effervescence, un traité eût été bientôt fait ; la discussion sur le point qui tenoit le plus eût été bientôt terminée, s'il y eût eu des pouvoirs suffisans pour l'entamer ; mais M. Damas avoit été si constamment démenti par l'assemblée coloniale, elle avoit si sechement rejeté deux jours avant des propositions à-peu-près semblables, que les commissaires ne purent se livrer à aucun travail sur les pouvoirs de M. Damas seul ; en con-

séquence

séquence les trois députés partirent en donnant leur parole d'honneur de revenir le lendemain, avec les qualités nécessaires pour traîter.

Qui est-ce qui empêcha leur retour ? Qui est-ce qui nous plongea sans remede dans le gouffre de la guerre ? Ce fut l'assemblée coloniale. Le parti de Saint-Pierre a long-tems ignoré ce qui se passa auprès de M. Damas, mais il l'a appris par le compte imprimé qu'a rendu la section des députés de la Guadeloupe, séante à la Trinité, lors de la médiation au mois d'Octobre ; il y est révélé que les cinq divisions qui composoient l'armée du Gros-Morne, étoient décidées à envoyer chacune un commissaire, mais que s'en étant rapporté à l'assemblée coloniale, celle-ci s'y opposa.

M. Damas a-t-il ignoré ce fait attesté par des étrangers, qu'il ne soupçonne assurément pas d'avoir voulu favoriser Saint-Pierre ? S'il ne l'a pas ignoré, a-t-il pu signer ce qu'on lit dans son mémoire, *folio* 22, « que ses propositions où » il offroit tout ce qu'on pouvoit céder sans dés- » honneur, furent rejetées au Fort-Royal ». Ce seroit une perfidie monstrueuse, et les patriotes attachent quelque douceur à croire plutôt qu'il n'avoit pas connoissance des mouvemens qui se faisoient autour de lui.

Quant à ce qui regarde personnellement les trois députés, il dit *folio* 23, « qu'à cause de

D

» l'extrême effervescence qui régnoit dans la ville,
» ces messieurs ajoutèrent aux propositions dont
» ils étoient porteurs ». Cela prouveroit tout au
plus le peu de solidité qu'il y auroit eue à traîter
avec eux; mais ils existent, et ils n'hésiteront sûrement pas à déclarer qu'ils ne remirent que la
seule pièce dont il est parlé ci-dessus; le mémoire
dit aussi qu'ils furent insultés, maltraités, obligés
de se sauver, mais c'est une imposture gratuite;
ils restèrent toute la journée fort librement, et ne
partirent qu'après avoir pris leur repas; ils furent
même accompagnés par un commissaire jusqu'aux
postes extérieurs. On ne croira pas qu'ils aient pris
pour une insulte la gaieté bruyante du peuple qui,
au son de la musique, leur fit creuser ce qu'il appeloit la fosse des aristocrates. La diatribe insérée là-dessus, au *folio* 30 du mémoire, fait pitié,
car elle ressemble parfaitement à tout ce que les
détracteurs de la révolution n'ont cessé de débiter
contre le peuple.

Le 24, tandis que le Fort-Royal attendoit vainement le retour des députés, et que les commissaires s'occupoient à rédiger des observations utiles au traité dont ils n'avoient pas encore déses-
péré, le signal des horreurs fut donné; quelques
soldats sortis pour assembler des negres et des mulets utiles à l'armée, furent enveloppés par un parti
considérable de mulâtres; à peine l'apprit-on dans

la ville par le rapport de ceux qui échapperent ,
que tout le monde vouloit courir à leur secours,
et il sortit un détachement de 300 hommes qui
ne trouverent plus d'ennemis , mais rencontrerent
trois cadavres que ces lâches avoient dépouillés ,
mutilés, et laissés sur le chemin comme un mo-
nument de leur barbarie.

Il est trop certain que la rage fut dans les cœurs;
il ne fut plus question que de marcher contre les
auteurs d'un pareil attentat , et dans les mouvemens terribles auxquels tout le peuple fut en proie,
quelques maisons de ceux qui avoient fui , qui
avoient armé les mulâtres , furent brisées avec fureur , avant que les soins des chefs pussent ramener le calme et la raison ; il ne se glissa même
aucune envie de pillage ; le vin fut jeté, les meubles précieux furent mis en pieces , et le sentiment
qui dominoit ne laissoit place à aucune passion avilissante.

M. Damas n'a pas osé répéter dans son mémoire
ce qu'il avoit écrit à M. Dubarrail (1), mais nous
ne craignons pas de lui rappeler ce trait d'une in-
vention infernale; il a écrit, « qu'on avoit pro-
» mené dans la ville du Fort-Royal le corps d'un
» soldat tué, qu'on avoit rapporté et mutilé à
» dessein , et que par ce spectacle et des discours

_____

(1). Lettre de M. Damas, du 9 Octobre.

» analogues à l'effet qu'on vouloit produire, on
» avoit excité le peuple à des fureurs »; la calomnie peut donc à force de noirceurs se confondre
elle-même dans l'excès de son imposture! Faut-il
que toujours les ennemis de la révolution, après
avoir provoqué le peuple, se fassent un système
de lui supposer des instigateurs, lorsqu'il n'a fait
qu'obéir à sa juste indignation!

M. Coquille Dugommier étoit au Fort-Royal;
il travailloit avec les commissaires aux propositions de paix; il réussit par des efforts inouïs à
arrêter la destruction des maisons, et M. Coquille
Dugommier est l'homme contre lequel l'assemblée
coloniale lance ses traits empoisonnés; ancien militaire, chevalier de Saint-Louis, grand propriétaire à la Guadeloupe, il étoit environné de toutes les erreurs pour lesquelles ce parti s'est roidi
contre le peuple; mais né avec une ame forte et
énergique, ennemi déclaré de l'oppression, il s'est
élancé à la liberté offerte pour la régénération de
l'état; dans toutes les occasions, il est accouru avec
les patriotes de la Guadeloupe au secours des François opprimés à la Martinique, et il n'y a respiré
que pour maintenir l'ordre, pour rappeler tout le
monde à son devoir, pour y faire triompher la liberté par la loi; c'est ainsi qu'il est le défenseur,
le sauveur de la ville de Saint-Pierre; c'est par
son heureux ascendant sur les esprits, qu'il l'a pré-

servée des maux de l'anarchie au milieu des siéges et des combats, qu'il l'a soustraite aux pernicieux desseins de ses ennemis.

Il n'en falloit pas tant pour exciter contre lui la haîne des oppresseurs. N'ont-ils pas été jusqu'à lui supposer le projet insensé de se rendre maître de la Martinique, d'y établir une espece d'empire, de l'étendre sur toutes les Antilles, de se rendre, comme dit M. Damas, dominateur des isles du vent ? Mais dans cette calomnie ridicule, n'ont-ils pas été chercher des faits passés à la Guadeloupe, et n'ayant aucune analogie avec les événemens de la Martinique ? N'ont-ils pas avoué qu'ils n'avoient que des soupçons au-lieu de preuves ? N'ont-ils pas été réduits à dire que c'étoit *le secret de quelques chefs de parti.* Le *folio* 19 du mémoire de M. Damas met à découvert l'impuissance d'une pareille accusation, et messieurs Fourn, Crassous et autres qu'il désigne comme des factieux, se croiront dispensés de séparer leur cause de celle de tous les patriotes ; ils trouveront assez leur justification dans les faits.

La fureur du 24 ne put s'appaiser qu'en cédant aux vives instances de toute l'armée, et le 25 elle sortit pour aller vers le Lamentin, où quelques patriotes gémissoient de n'avoir pu se joindre aux habitans de la même paroisse qui étoient à Saint-Pierre, et où il étoit utile de rétablir la communication ; elle étoit commandée en chef par M. Chabrol ; M. Dugommier étoit sous ses ordres, et commandoit en second : les officiers des régimens de la Martinique et de la Guadeloupe étoient à la tête de leurs compagnies. Ceux qui ont lu dans le mémoire de M. Damas, *folio* 8 , que la sortie étoit conduite par M. Dugommier, doivent juger par ce fait , de son exactitude sur les autres.

Le projet étoit sur-tout , en s'établissant au Lamentin, de présenter une grande force aux efforts des mulâtres, et de déterminer plus activement la paix. C'est bien à tort que le mémoire s'exalte sur ce que le sieur Labarthe, tué le 24 , étoit porteur d'un ordre de la municipalité de se procurer des negres et des mulets pour le transport des vivres et des munitions de l'armée, et qu'il en conclut que l'attaque du 25 étoit préméditée pour envahir les propriétés. Cet ordre avoit été donné sur la réquisition du conseil de guerre où présidoient MM. Chabrol et Kergus , officiers du régiment de la Martinique , qu'on n'accuse pas de ces grands projets ; les dispositions pour les vivres et bagages d'une armée tenoient à sa formation qui avoit été nécessaire , puisque l'assemblée coloniale avoit ordonné la guerre depuis le 14 , mais certainement cette armée n'eût pas sorti, si celle du Gros-Morne eût nommé ses commissaires conciliateurs ; peut-être même elle n'eût pas sorti, si l'événement du 24 n'eût crié vengeance.

L'ardeur que ce triste événement avoit inspirée, n'empêcha pas les chefs de s'occuper de la police; elle fut lue à la tête des troupes avant le départ, et l'on peut croire que sa sévérité causa notre malheur; elle enjoignoit expressément le respect pour les propriétés, la défense rigoureuse même de couper aucun arbre fruitier, ni aucune haie formant les enclos; l'armée en fit le serment, et tous les biens furent sous sa sauve-garde générale et particuliere.

Pendant qu'elle prêtoit ce serment honorable, l'ennemi s'étoit mis en embuscade; il avoit coupé, embarrassé les chemins, et du milieu des cannes et des haies, il attendoit que ses victimes se présentassent. L'armée à peine sortie du Fort-Royal fut attaquée dans des défilés (1), sans voir un

---

(1) Le conseil de guerre avoit décidé que les deux colonnes de l'armée marcheroient par un seul chemin jusqu'au Lamentin; M. Chabrol les divisa de son chef; il en commandoit une, et eut soin de ne prendre avec lui ni bagage ni artillerie; il en embarrassa l'autre colonne, à laquelle il fit prendre le chemin difficile, et celle-ci reçut tout l'échec : ce fut un véritable assassinat. M. Chabrol avoit toujours entretenu des relations secrettes avec le Gros-Morne; la lettre de M Damas à M. Clugny, du 6 Septembre, l'indique; la preuve en existe dans le compte rendu par MM. Léonard, Quin et autres députés de la Guadeloupe qui ont résidé à la Trinité. M. Damas le ménage dans ses écrits, et il a fini par

D 4

seul homme; assaillie de coups invisibles, ne pouvant se servir de son artillerie, il fallut l'abandonner, et s'éloigner d'un champ qui fut bientôt un théâtre d'abomination.

Des cruautés inouies furent exercées sur tous les malheureux qui tomberent en la puissance de l'ennemi; les mulâtres, les blancs se baignerent dans leur sang; le combat étoit fini, et les prisonniers dépouillés, garrotés, implorant l'humanité, furent impitoyablement fusillés (1); d'autres furent traînés dans les cachots, mis au sceps, étendus nus sur la terre, et y gémissent encore pour la plupart, si la mort n'est pas venue à leur secours.

Des hommes capables de tant de férocités, pouvoient voir sans frémir le pays embrâsé par la guerre civile, et ils ne respirerent plus que pour la destruction de tous ceux qui leur étoient opposés.

---

lever le masque : son rôle est infâme; feindre le patriotisme, recevoir à Saint-Pierre une couronne des mains des patriotes, accepter le commandement général de l'armée patriotique, prêter le serment entre ses mains, marcher à sa tête, et la livrer au carnage et à la destruction, voilà ce qu'il a fait; il a été connu trop tard, et il doit être vu avec indignation de ceux même qu'il a cru servir.

(1) Les dépositions de quelques personnes échappées au meurtre, attestent que M. Dugué pere, officier de milice, fit ranger vingt - six prisonniers de file, & qu'à son commandement, ils furent tous fusillés par des mulâtres ; deux seulement ne furent pas tués.

Les villes de S. Pierre et du Fort-Royal s'atta-
chèrent plus particuliérement à leur défense ; les
garnisons furent réparties de la manière la plus con-
forme aux besoins de chaque place ; et tandis que
M. Chabrol commandoit au Fort-Royal, M. Molerat, major-commandant à S. Pierre, et qui n'a
point abandonné sa place, y dirigea les opérations
militaires à la tête d'un conseil de guerre ; M.
Coquille Dugommier y fut fait commandant des
volontaires confédérés, et sut profiter de l'influence
que son génie lui donnoit pour entretenir la discipline et ranimer la confiance. M. Vauchot réfugié à S. Pierre, s'y distingua par une stricte obéissance aux délibérations du conseil de guerre, les
fit valoir par son courage et devint la terreur des
ennemis (1).

_____

(1) M. Vauchot est habitant de la campagne ; il pourroit
placer son nom au rang de celui de planteurs : il auroit les
mêmes droits qu'eux à professer leur doctrine ; mais il en a
connu toute la fausseté ; il a rougi de leurs criminels projets, de leur ardeur pour la domination, de leur envie de
rivaliser avec la France et avec l'Assemblée nationale ; il les
a fuis, et est venu chercher parmi les habitans de la ville
l'égalité, l'esprit de la constitution, la soumission à l'Assemblée nationale, la confiance dans ses décrets. Au mois de
Juin, M. Damas envoya plusieurs détachemens sur son habitation pour le prendre ; il fut obligé de fuir, et d'abandonner une femme enceinte, ses enfans et ses propriétés.

Ce n'est pas sans dessein que M. Damas, en se déchaînant contre MM. Coquille Dugommier et Vauchot, affecte de ne rien dire de MM. de Molerat et Chabrol ; ces deux officiers étoient à leur poste ; il n'étoit pas possible de l'avouer et de persister à traiter de rebelles les soldats qui leur étoient soumis, ou à supposer l'ambition des conquêtes à ceux qui ne commandoient que sous leurs

Pour justifier ces vexations et pour le trouver coupable, on fit entendre six témoins contre lui pendant son absence : on peut bien s'imaginer qu'on avoit choisi ses plus cruels ennemis ; ces témoins s'accordent parfaitement à lui imputer deux crimes bien horribles aux yeux des aristocrates : le premier, d'avoir, comme officier municipal, établi *seul* une garde nationale dans sa paroisse pour le maintien de l'ordre et de la tranquillité publique ; le second, de s'être porté avec plusieurs jeunes gens de sa paroisse au secours de la ville de Saint-Pierre, lorsque l'armée mélangée de M. Damas est venue l'attaquer le 9 Juin. Ces deux crimes ont fait lancer contre lui un décret d'ajournement personnel ; enfin la nouvelle de la prise du Fort-Bourbon parvint à la Dominique où il s'étoit réfugié ; il arriva à Saint-Pierre, où il fut de suite employé à en défendre les avenues. Une armée considérable l'environnoit ; quatorze fois il a été obligé de courir sur les ennemis pour leur défendre l'approche de la ville ; quatorze fois il les a repoussés avec le plus grand succès : il a reçu sept blessures ; et, pour prix de son patriotisme, il a été ravagé, incendié, ruiné ; il ne lui reste qu'une terre portant toute l'empreinte de la rage des ennemis de la nouvelle constitution.

ordres ; M. Damas a préféré de cacher la vérité, et d'inculper les soldats et commandans en second ; toute sa justification est de cette solidité.

Les garnisons furent heureusement renforcées par les volontaires de Tabago, un nouveau détachement du régiment de la Guadeloupe, des volontaires de la Basse-Terre, de Marie-Galante, un détachement de la Sare qui venoit d'arriver à Tabago avec toute la chaleur patriotique de la fédération, et par le bataillon du régiment de la Martinique qui se rendit de Sainte-Lucie avec son drapeau et ses officiers, sur la réquisition précise de l'assemblée coloniale de cette isle, sanctionnée par le gouverneur ; alors les citoyens volontaires de la même isle furent priés d'y retourner pour en partager la garde jusqu'au retour de la garnison ; ce fut ainsi combiné avec les députés de son assemblée coloniale, qui étoient venus accompagner les soldats, et qu'un même sentiment unissoit à S. Pierre ; et cette démarche démontrera combien dans ce parti on s'occupoit à ce que la guerre même n'exposât pas la métropole à perdre ses colonies.

Ce principe détermina les députations que S. Pierre envoya dans les premiers jours d'Octobre aux isles de la Grenade et de S. Eustache. Le sieur Donès avoit été pris à son retour de la Dominique, où il avoit porté, au nom de M. Damas, l'arrêté de l'assemblée coloniale du 11 Septembre, et reclamé au

nom du directoire des secours et munitions de
guerre (1) ; le sieur Donès n'avoit réussi ni auprès
du gouverneur, ni auprès des négocians de la Dominique, mais la même demande avoit été faite
dans les autres isles étrangeres ; S. Pierre en avoit
plusieurs avis : ses députés furent chargés d'exposer
ce qui venoit de se passer à la Martinique, et de sup-
plier les généraux des isles étrangeres de ne point fournir les munitions qui seroient demandées par le directoire (2). Ainsi, bien loin d'appeler les étrangers,
il s'agissoit au contraire de les écarter de notre que-
relle, et s'ils avoient à y prendre part, ce n'étoit
que pour les engager à joindre une députation à
celle qui se préparoit dans les isles Françoises ;

_____

(1) Le sieur Donès fut pris et conduit au Fort-Bourbon
deux jours après le massacre du 2 5. Il devoit être regardé
comme coupable au premier chef : il ne fut pas seulement
mis aux fers ; les patriotes ont toujours été modérés avec
leurs ennemis ; et plus ils l'ont été, plus on a exercé de fureur contr'eux. Il fut pris par un de nos croiseurs, lorsqu'il sortoit avec précipitation, d'un bateau anglois, pour
mettre à terre au vent de l'isle. L'assemblée coloniale a répandu _que les brigands de Saint-Pierre avoient insulté le
pavillon Britannique_ ; mais l'opération se fit avec tant de
respect pour le pavillon, que le maître du bateau anglois
loin de se croire offensé, alla lui-même déposer à la municipalité de la Basse-Terre, les papiers très-intéressans que le
S.r Donès trop pressé avoit laissés dans la chambre du bateau.

(2) Lettre du Conseil de ville du 5 Octobre.

pour nous apporter la conciliation , et pourvoir
sur-tout aux moyens intéressans à toutes les colonies
de faire rentrer les mulâtres et les negres dans le
devoir.

M. Damas se charge donc d'une insigne calomnie , lorsqu'il assure dans son mémoire *folio* 14 ,
que l'hôtel-de-ville de S. Pierre s'est adressé au
général Mattews pour lui demander des secours , et
que , deux lignes plus bas , tout en avouant qu'il
ne sait pas quelles propositions ont été faites au
général Anglois , il veut faire entendre que la ville
avoit songé à se soustraire à la domination de la
France. Un pareil soupçon peut-il tomber sur une
ville Françoise , qui ne tire sa splendeur que de la
France , qui a ses députés auprès de l'assemblée
nationale , uniquement pour réclamer des secours
qui puissent l'arracher à l'oppression?

Une seule réflexion doit fermer la bouche là-dessus ; c'est que les capitaines du commerce de France
sont à S. Pierre , et qu'assurément , ils n'auroient
pas trempé dans l'absurde complot de cesser d'être
François (1) ; le directoire sait aussi que c'est dans

_____

(1) Il est bien étonnant que les écrits de l'assemblée coloniale portent une pareille inculpation; son député extraordinaire, le sieur Bellevue-Blanchetiere , écrivoit de Paris à
son président ordinaire, le sieur Dubuc fils, le 28 Mai
1790 : « Je crois possible qu'au moment où vous lirez cette

le commerce de France et parmi les plus ardens patriotes , que S. Pierre a trouvé ses défenseurs.

L'intérêt que toutes les colonies dévoient pren-

___

» lettre, si elle vous parvient, vous soyez aux Anglois ;
» songez que si cela arrivoit, il y auroit un grand coup à
» faire ici au sujet de la dette de M. Dubuc (pere du pré-
» sident) envers le roi : cette dette appartiendroit au roi
» d'Angleterre ; il s'agiroit de présenter des arrangemens
» faits ici qui ôteroient aux vainqueurs le droit de l'exi-
» ger...... ». Si, à cette époque, l'agent de l'assemblée ou
du sieur Dubuc, envisageoit la conquête de la Martinique
par les Anglois, comme un moyen de gagner 150,000 livres, en prenant des arrangemens (sans doute avec le Ministre), il est facile de juger qui a pu concevoir à la Martinique le projet de se livrer aux Anglois, lorsque la dette
existe encore dans son entier, et même est surchargée d'intérêts. Le député voyoit aussi un autre avantage, car il écrivoit le 30 Juillet au même : « Il me semble que si la paix
» intérieure se rétablit dans les colonies, et l'armée an-
» gloise la rétablira, il me semble, dis-je, que nous serons
» encore moins malheureux que les peuples de l'Europe et sur-
» tout les François ». Ces paroles sont précédées du tableau
des malheurs dans lesquels, suivant ce *planteur*, la révolution a plongé la France : *beau royaume qu'il voudroit
n'avoir pas vu , puisqu'il doit le voir disparoître ;* en sorte
qu'il y avoit tout-à-la-fois pour aspirer à être Anglois, l'intérêt du sieur Dubuc et l'antipathie de la révolution. Ce
sieur Bellevue, quand il ne connoissoit pas encore la France,
disoit à l'assemblée coloniale, au mois de Novembre 1789 :
« *Faisons un mariage avec la métropole, mais réservons-
» nous le divorce* ».

dre à notre cause, se manifestoit de la manière la
plus affligeante. L'armée du Gros-Morne se répan-
dit dans toutes les campagnes ; un ordre fut donné à tous les habitans de se joindre à elle ; ils furent pris sur leurs habitations, entraînés de force,
et dans les paroisses dont les commissaires étoient
au Fort-Bourbon, il fut ordonné de les révoquer (b);
ceux qui avoient concouru à leur nomination,
et qui persistèrent dans leurs sentimens, furent les
objets d'une vengeance implacable ; leurs esclaves
furent soulevés contre eux, leurs bestiaux enlevés,

---

(1) Extrait de la lettre circulaire écrite par M. Damas le
28 Septembre : « Je ne puis me dissimuler que les tristes
» divisions qui ont existé dans les paroisses, ne soient une
» des principales causes de tant de malheurs........ Je vous
» invite donc à rassembler les habitans qui restent encore
» dans votre paroisse, à leur faire sentir la nécessité d'en-
» voyer promptement leur adhésion à leurs freres rassem-
» blés au Gros-Morne, de retirer et désavouer les prétendus
» commissaires qui se sont rendus au Fort-Bourbon......
» Ceux qui ne se réuniroient pas au parti des habitans, ne
» pourroient être regardés que comme fauteurs de l'insur-
» rection et ennemis de la colonie ». Les paroisses qui
étoient à la merci du camp du Gros-Morne, ont obéi; l'une
d'elles a inséré dans sa délibération, que, d'après les circonstances impérieuses, l'insurrection des esclaves, les vols
et enlevemens faits par eux et par autres, et plus encore les
ordres de M. Damas, elle adhéroit aux résolutions prises au
camp du Gros-Morne, *quoiqu'elle les ignorât* : sa délibération ne l'a pas préservée des dévastations.

leurs meubles pillés, leurs plantations détruites, leurs maisons incendiées; quelques-uns furent assez heureux, pour se réfugier dans les villes, d'autres sauverent leur vie en se soumettant aux plus durs traitemens; un grand nombre fut assassiné.

Les esclaves chassés de leurs atteliers, instrumens aveugles des haines, furent armés, et sous le nom de *Maltois*, porterent de tous côtés le ravage et la mort; bientôt l'insurrection s'étendit, ils s'échapperent en foule des villes même d'où on les attiroit par l'attrait du pillage et par la promesse séduisante de leur donner la liberté pour prix de leurs services; des blancs se mirent à leur tête, les rangerent en compagnies, et ils connoissent pour premier chef, un negre célebre nommé *Fayance* ou *Compere*, qui, échappé des galeres, avoit depuis plusieurs années, éludé toutes les poursuites de la justice et du gouvernement, dont la tête avoit été mise à prix par M. Damas lui-même, et que ce général est obligé de ménager aujourd'hui, et d'employer sous ses ordres (1).

_____

(1) La contagion alloit perdre toutes les isles, sans la surveillance active des Anglois; une révolte s'est manifestée à la Dominique, sous l'aspect le plus terrible; et il n'y a aucun doute qu'elle ait été fomentée par une gazette qu'un sieur Dubuc Marentille y publioit en faveur du Gros-Morne; les

Voilà quels étoient les soldats du directoire ; il
ne peut le cacher ; mais il fait dire à M. Damas
que le manque de vivres et le funeste exemple de
l'insubordination des soldats, avoient produit un
grand dérangement parmi les esclaves ; que Saint-
Pierre a provoqué le désordre en publiant que les
négres étoient en insurrection, mais que les *planteurs* et les gens de couleur libres sont parvenus à
faire rentrer à - peu-près tous les atteliers dans le
devoir ; il lui faisoit dire aussi dans sa lettre à M.
Dubarrail, (1) que les négres n'étoient *révoltés*
que de la conduite de ceux qui osoient attaquer
leurs maîtres dans leurs propriétés, et dans leur
vie. Sauve t-on des horreurs par un jeu de mots ?
Les négres étoient et sont encore révoltés ; nous
croyons bien que les membres du directoire ont
fait des efforts pour ramener dans le devoir leurs
propres esclaves, dont l'armement est prouvé par
la phrase de M. Damas ; mais ceux des villes,
ceux des habitans réfugiés de la campagne portent
encore à-présent les armes contre leurs maîtres ; ce
n'est pas le manque des vivres qui a fait partir

_____

Anglois ont déployé leurs forces ; les coupables ont été
arrêtés ; le sieur Dubuc a été chassé de la Dominique ; et
dans les procédures, on a vu des dépositions qui constatoient
des liaisons qu'il avoit avec ces mêmes esclaves, auteurs de
la révolte.

(1) Lettre de M. Damas du 9 Octobre.

E

ceux-là ; l'exemple des soldats qui vivent dans l'union intime avec les citoyens, n'a pas pu les porter à la révolte ; les patriotes ne leur ont pas fourni des armes, et promis la liberté, pour leur faire exercer le mal contre eux-mêmes ; ils ne leur ont pas dit : allez dans tous les quartiers où nous possédions quelque chose, au Carbet, au Prescheur, à la Grand-Ance, à Sainte-Marie, au Gros-Morne, au Marin, au Diamant, aux Ances d'Arlets, à la Riviere-Pilote, au Vauclin, anéantissez toutes, nos habitations, mais respectez les biens de ceux qui nous font la guerre, ne touchez pas à leurs denrées, et laissez-les s'engraisser aux dépens de leurs créanciers et de la Métropole ; ce n'est pas la ville de Saint-Pierre qui a ordonné à des blancs sectateurs du directoire de se mettre à la tête des esclaves dans ces affreuses expéditions ; enfin, ils sont armés, et leurs armes sont pour la plupart celles qui avoient été répandues dans les campagnes, lorsqu'au mois d'Avril dernier, M. Damoiseau avoit été fait gouverneur contre toutes les regles, par l'assemblée coloniale. Il est donc certain que la guerre sans exemple à laquelle nous sommes en proie, fruit des profondes combinaisons de l'assemblée coloniale, lui doit encore ce caractere d'atrocité, d'avoir été alimentée par l'armement des esclaves et par tous les crimes qu'on leur a fait commettre, et qu'on a contemplés sans frémir, parce qu'on ne les commettoit pas immédiatement (1).

Avec cette multitude, le directoire établit la plus terrible domination par-tout, excepté à Saint-Pierre et au Fort-Royal ; mais en infestant les côtes, il parvint à resserrer la communication entre les deux villes ; ceux qui naviguoient dans les canots et pirogues, ne pouvant s'éloigner de terre, furent pris et égorgés, ou mis aux fers dans lesquels ils sont encore ; M. Dubois, géreur d'un navire de Bordeaux, arrivant de France, fut arrêté, pillé, horriblement maltraité, traîné à travers toute l'isle jusqu'au directoire, et ne fut rendu à la liberté, qu'en promettant tout ce qui lui fut demandé. La déclaration qu'il fit en rentrant au Fort-Royal, a dû faire connoître à la France le génie qui anime le directoire et son parti ; le signe de la régénération, l'uniforme national y fut insulté ; la ville de Bordeaux fut insultée, comme ayant pris le plus de part à la révolution ; les Bordelois furent appelés séditieux et cause des désordres, parce qu'ils avoient porté ici l'uniforme national. Ces mêmes hommes qui ne craignoient pas alors de manifester leurs criminels sentimens, les

(1) Malgré la révolte, plusieurs esclaves sont restés fideles dans les villes de Saint-Pierre et du Fort-Royal ; ils n'y ont jamais été armés, et ils y ont mené la vie la plus douce : c'est dans ces contrastes que le patriotisme a plus d'éclat.

cachent aujourd'hui que les commissaires de la nation approchent; ils cherchent leur sauve garde sous ce même uniforme; c'est le loup sous la peau du mouton.

On vit naître les tems des infâmes proscriptions; les habitations des patriotes dénoncés, étoient marquées à la craie, et tomboient de tous côtés, tandis que les habitations des partisans du directoire subsistoient intactes, au milieu des débris de leurs voisins; elles subsistent encore, pour déposer contre la cruauté réfléchie de ceux qui les habitent; mais ces dévastations particulieres ne remplissoient pas tous les vœux du directoire; c'étoit la ville même de Saint-Pierre dont il vouloit l'anéantissement; M. Damas ne peut le dissimuler, il avoue que de terribles motions se faisoient contre Saint-Pierre; les moyens manquoient, les forces qui étoient dans la ville, la mettoient journellement dans un état plus respectable de défense, et le directoire recourut à la ruse; il chercha tous les moyens de diviser les soldats, de les porter à la désertion ou au découragement; il manœuvra sur-tout auprès des garnisons du Fort-Bourbon, qu'il regardoit comme la clef du reste (1).

_____

(1) Le sieur Gaudin Soter, commandoit un poste de nègres à la vue du Fort-Bourbon : il aime à écrire; et tous les matins, il déposoit près du Fort des lettres contenant les

M. Damas fit des proclamations, où il mêloit le ton de la sévérité et celui de l'indulgence ; il menaçoit des vengeances de l'assemblée nationale et offroit amnistie en son propre nom ; il ordonnoit au régiment de la Guadeloupe et aux volontaires de retourner dans leurs isles ; il demandoit la remise des Forts qu'il avoit abandonnés, et il assuroit qu'on pouvoit s'en rapporter à son indulgence ; il y eut quatre proclamations de ce genre, (1) toutes marquées par les inutiles efforts d'une autorité dont M. Damas s'étoit dépouillé lui-même ; tantôt il disoit aux soldats qu'il n'y avoit qu'un décret pour les colonies, et que d'après ce décret, il falloit reconnoître l'assemblée coloniale, quoiqu'il eût reconnu lui-même qu'il étoit utile d'en suspendre la dangereuse activité ; tantôt il leur envoyoit des décrets relatifs à la discipline militaire,

_____

plus douces invitations aux soldats d'aller le trouver, les plus belles promesses, etc. Lorsque le directoire s'empara de l'argent de la nation, il leur offrit une somme considérable, les engagea à faire un signal du haut des remparts, pour annoncer qu'ils acceptoient sa proposition, et leur indiqua la maniere dont il y répondroit : la garnison se donna le plaisir de faire le signal ; et le sieur Soter ayant répondu, elle lui prouva, par une décharge d'artillerie, que tant de bassesses n'étoient pas capables de l'ébranler.

(1) Des 26 Septembre, 22 et 27 Octobre 1790, et premier Janvier 1791.

E

qu'il copioit dans les journaux (1) , qui ne lui
étoient point adressés officiellement, et qu'il ap-
pliquoit ici, quoique lui-même n'eût point obéi
aux ordres qu'il avoit reçus du roi pour les fédéra-
tions ; il comparoit ce qui se passoit ici , aux événemens de Nancy ; il donnoit d'abord trois jours,
ensuite vingt-quatre heures , et il finissoit par menacer de désarmer, tuer et septimer comme M.
Bouillé , disoit-il , avoit fait à Nancy ; par un
autre contraste, ces menaces étoient accompa-
gnées d'un oubli profond de toute dignité ; la proclamation du jour de l'an fut remise à une négresse
qui la tenoit cachée en entrant dans la ville, et
qui devoit la glisser furtivement aux soldats ; il
n'y avoit pas là de quoi les faire rétrograder , et
ils n'en tinrent que plus fortement au parti qu'ils
avoient adopté dans des vues pures, que M. Da-
màs ne pouvoit pas vicier par ses proclamations.

Plusieurs officiers de la Martinique étoient restés avec eux ; M. Roussel commandoit au Fort-
Bourbon ; M. Chabrol commandoit au Fort-
Royal ; accoutumés à tenir leurs soldats sous la
verge de fer, ils ne pouvoient se familiariser à
les voir parler , agir autrement que comme des
automates, et en cherchant à reprendre leur

_____

(1) Décret du 7 Août relatif au régiment Royal-Cham-
pagne, et décret du 8 Août sur la discipline.

empire, d'intelligence avec ceux qui avoient fui dès le commencement, ils furent les agens du directoire, et n'épargnerent aucune insinuation ; quelques-uns partoient de tems en tems pour se réunir à l'armée du Gros-Morne , et se flattoient d'entraîner les soldats par leur exemple ; le sieur Clinchamp s'en alla lorsqu'il étoit de garde et avec le mot d'ordre ; un autre eut la bassesse de déchirer le drapeau du régiment , et d'en emporter les lambeaux ; M. Chabrol enfin , après mille efforts inutiles , crut faire un coup d'éclat, en se déclarant ouvertement en faveur des proclamations de M. Damas , et ensuite en donnant sa démission , et détermina presque tous les autres à la donner également.

Il résulta de toutes ces tentatives le mépris des soldats pour les fuyards qu'ils savoient réduits à paroître incorporés dans la compagnie des grenadiers , et la détention des démissionnaires dont la fuite étoit prochaine ; mais ils ne furent pas mis aux fers. M. Damas a été mal instruit là-dessus. Le régiment regarda comme un titre d'honneur le bâton du drapeau qui lui restoit , et il signala ses sentimens patriotiques , en portant avec pompe , sous les auspices de la municipalité , le portrait du roi au Fort-Bourbon , pour le soustraire à toute entreprise semblable à celle du drapeau. A Saint-Pierre , les officiers du régiment de la Guade-

E 4

loupe partirent tous ensemble, et au même instant les soldats renouvelerent leur serment de ne
quitter, qu'après la paix, la ville à la défense de
laquelle ils avoient eu ordre de se rendre. Ainsi
toutes les cabales ne tournerent qu'à la gloire de
ces braves soldats, et cette gloire est bien éclatante
pour le petit nombre d'officiers qui ont resté avec
eux ; dans le régiment de la Martinique, MM. La-
ronde, Boubert et Kergus au Fort-Royal, Félix,
Daurier, Senneville & Perrault, à Saint-Pierre,
M. Pélardy dans l'artillerie, ont seuls connu ce que
le devoir leur prescrivoit, et ils sont récompensés
par l'attachement de leurs soldats et la reconnois-
sance des citoyens (1).

En résistant à tant de manœuvres combinées
pour leur perte, les citoyens réunis à Saint-Pierre

_____

(1) Les soldats n'ont jamais été plus rangés à l'ordre
qu'après le départ des officiers ; ils ont mis de l'orgueil à bien
observer la discipline, et ils ont sévi rigoureusement contre
ceux qui ont manqué. La caisse militaire du régiment de la
Martinique a resté dans l'état où le conseil d'administration
l'avoit laissée : aucune réclamation n'a été faite, et les soldats ont tout renvoyé au moment où ils pourront jouir des
bienfaits de l'Assemblée nationale à cet égard. Seulement,
au commencement de Septembre, ils avoient touché dudit
conseil l'augmentation de paie, conformément au décret,
et le décompte arriéré de quatre mois ; une partie du régiment avoit touché aussi ce qui lui revenoit d'excédent de
masse : toutes les autres réclamations sont encore à faire.

et au Fort-Royal ne négligeoient cependant aucun moyen de parvenir à la paix, et rien de plus glorieux pour eux que la comparaison de leur conduite avec celle de leurs adversaires dans la circonstance la plus importante ; nous voulons parler de la députation des isles voisines, dont M. Damas dit à peine deux mots dans son mémoire.

Ce fut au mois d'Octobre que les députés de la Guadeloupe, au nombre de vingt-deux, vinrent avec sept de Sainte-Lucie, offrir leur médiation aux partis divisés de la Martinique ; ils avoient été choisis dans toutes les classes ; le comité général colonial, la municipalité et la commune de la Basse-Terre, les planteurs, le corps royal d'artillerie, le régiment de la Guadeloupe, le corps royal du génie, le comité municipal et les citoyens de la Pointe-à-Pitre, l'assemblée coloniale et les citoyens de Sainte-Lucie, s'empresserent de participer à l'avantage de rappeler la paix dans cette colonie ; il en vint également de Marie-Galante, et tous furent reçus avec actions de grâces à Saint-Pierre et au Fort-Royal ; les commissaires des quatorze paroisses leur déclarerent formellement qu'ils acceptoient leur médiation.

Le directoire leur demanda leurs pouvoirs, et après les avoir vus, il les trouva insuffisans, comme si des députés qui offrent leur médiation, avoient besoin d'autres pouvoirs que de l'acceptation des

parties; les uns étoient envoyés par le comité
colonial de la Guadeloupe; il falloit, dit-il, pour
être écoutés qu'ils fussent envoyés par l'assemblée
générale coloniale; les autres tenoient aux corps
militaires, et en cette qualité ne pouvoient pas
être médiateurs; ceux-ci étoient bien envoyés
par l'assemblée coloniale de Sainte-Lucie, mais
ce n'étoit constaté que par une lettre du président,
et il exigeoit une extrait de la délibération. La
députation ne put voir sans peine ces obstacles,
et elle s'en expliqua avec force : « faites-nous con-
» noître » écrivit-elle au directoire, « avec la fran-
» chise qui appartient à la droiture de vos prin-
» cipes, si vous acceptez ou refusez notre mé-
» diation; toute députation conciliatoire est bonne
» quand elle est reçue, et pourquoi la nôtre ne le
» seroit-elle pas? Faudra-t-il attendre que des *com-*
» *missaires de la nation* viennent vous porter la
» paix? La Martinique et toutes les Antilles peut-
» être seroient ensevelies sous leur ruine, avant
» que le bruit de l'orage qui les menace soit
» parvenu jusqu'en France ». Le directoire, en
se rendant sourd à cette prédiction, pensoit sans
doute qu'elle s'accompliroit au moins pour nous,
et que notre sort seroit décidé avant que la France
pût nous secourir; la droiture de ses principes
ne lui permit pas de s'expliquer; il n'osa cependant pas refuser absolument, et il écrivit : « une

» correspondance met trop de lenteur dans les
» résolutions et les arrangemens à prendre; nous
« nous rendrons demain chez M. Boork, et nous
» aurons l'honneur d'y conférer avec vous, si
» vous voulez vous y rendre ». Malgré cette réponse,
qui n'étoit qu'une affectation de ne pas répondre,
a députation obéit au double desir du direc-
oire; elle envoya chercher de nouveaux pouvoirs
qu'elle obtint sans difficulté, et elle se rendit
chez M. Boork où elle n'obtint rien.

Le directoire déclara (1), qu'il ne pouvoit
accepter la médiation, et qu'il ne considéroit les
députés que comme des citoyens venus pour rappeler des rebelles à leur devoir; que cependant
l reconnoissoit la députation, sauf la ratification
de ses pouvoirs par l'assemblée coloniale de la
Guadeloupe; invité à une suspension d'hostilités,
l répondit qu'il s'en tenoit à une proclamation,
déjà faite par M. Damas, qu'on ne pouvoit pas
ôter aux gens de couleur la faculté de se défendre,
et que la sollicitude de l'assemblée ne pouvoit pas
contenir les esclaves armés, quoiqu'ils fussent,
dit-il, en petit nombre. Engagé à adopter un
amendement à un article de la proclamation, il
assura qu'on ne pouvoit que maintenir la clause
telle qu'elle étoit, mais que la députation pouvoit

(1) Procès-verbal de la députation du 16 Octobre.

toujours proposer des amendemens ; enfin sur la proposition d'admettre aux conférences les commissaires des villes de S. Pierre et du Fort-Royal, il déclara ne pas vouloir traiter avec des rébelles.

Malgré ce ton repoussant la députation ne perdit pas l'espoir, parce que les sentimens qui lui avoient été manifestés à Saint-Pierre et au Fort-Royal, lui laissoient entrevoir qu'à force de sagesse, elle pourroit vaincre les difficultés ; elle revint au Fort-Royal, engagea les commissaires réunis à faire des propositions, et bien-tôt elle reçut d'eux les articles suivans, qu'il est important de connoître, à cause de leur parfaite conformité avec les moyens adoptés par l'assemblée nationale dans son décret du 29 Novembre, pour le rétablissement provisoire de la paix.

ART. I. *Tous les griefs de part et d'autre entre les militaires seront portés et dénoncés à l'assemblée nationale,* en conséquence, etc.

II. On demandera à l'assemblée nationale que le régiment de la Martinique prenne la dénomination de régiment national de la Martinique.

III. *Les fonctions de l'assemblée coloniale seront suspendues, ainsi que l'exécution de tous ses décrets, jusqu'à ce que l'assemblée nationale ait prononcé définitivement.*

ART. IV. *L'administration sera remise aux officiers et employés qui étoient en fonctions ou qui avoient droit avant le changement occasionné par le directoire, à l'exception de ceux qui ont abandonné leurs places depuis le premier Septembre.*

V. *Les griefs de part et d'autre seront soumis au jugement de l'assemblée nationale, et cependant personne ne pourra être inquiété ni recherché pour les événemens passés, jusqu'à ce que l'assemblée nationale ait prononcé.*

VI. Il sera demandé à la nation un secours extraordinaire pour ceux qui ont été ravagés ou ruinés dans leurs biens.

VII. La milice sera suspendue provisoirement, et la suppression définitive renvoyée à l'assemblée nationale. Le désarmement des gens de couleur à discuter.

VIII. Les garnisons des forts seront composées de deux tiers de militaires, et d'un tiers de citoyens qui seront fournis par toutes les paroisses proportionnellement à la population.

Art. IX. *L'agriculture et le commerce repren-*
dront leur cours comme avant le projet
de scission.

X. Les citoyens qui ont été illégalement détenus pendant le séjour de
l'assemblée coloniale à Saint - Pierre,
seront autorisés à suivre auprès de
l'assemblée nationale le jugement de
leurs réclamations et des indemnités
qu'ils ont à prétendre; *les procédures*
suivies tant à la commission prévôtale,
qu'en la sénéchaussée de Saint-Pierre
et à la commission du conseil sur les
événemens du 3 Juin; seront rapportées
pour être anéanties et les écroues biffés
sur les registres de la geole en vertu
du traité de paix (1).

XI. Les prisonniers seront respective-
ment rendus en quelque nombre qu'ils
soient.

_____

(1) Cette proposition a été présentée par le directoire,
comme tendante à rendre impossible la punition des coupables du 3 Juin; mais il n'y en avoit point de connus; il y
avoit aussi accusation contre les mulâtres, comme auteurs
de la sédition; la procédure prévôtale devoit renfermer des
preuves contr'eux; ainsi, en proposant de tout anéantir,
c'étoit proposer une chose également favorable aux deux partis : au reste, on se seroit facilement borné à la suspension.

ART. XII. *Messieurs les députés conciliateurs
seront priés de proposer un plan de
police et d'ordre public à suivre provisoirement dans la colonie,* dans lequel
sera compris *un plan de gardes nationales ;* lesdits plans seront soumis
à la discussion des deux partis, et étant
agréés, seront mis de suite à exécution
par MM. les députés.

XIII. Le traité sera garanti par MM. les
députés au nom de leurs colonies, et
ils seront priés de laisser à la Martinique tel nombre d'entr'eux dont ils
conviendront, choisis dans toutes leurs
colonies, jusqu'à ce que l'on ait reçu
la décision de l'assemblée nationale.

Ces propositions étoient le gage de la soumission à l'assemblée nationale, du vœu sincère
d'écarter les anciennes sources de division, du
respect dont les citoyens étoient pénétrés pour la
députation, de leur éloignement pour toute domination, et de la pleine confiance sur laquelle doivent
compter les commissaires de la nation dont les
députés conciliateurs étoient l'image ; elles furent
rejetées ; le directoire répondit sans examen qu'il s'en
tenoit absolument à la proclamation de M. Damas
faite le 25 Septembre et renouvelée le 22 Octobre.

La députation jusques-là n'avoit pas vu M. Damas; elle desira le voir, et peut-être espéra-t-elle qu'en lui parlant, elle pourroit le tirer de l'apathie dans laquelle il sembloit être; elle rédigea en conséquence une adresse où elle retraça le tableau des malheurs qui dévoroient la colonie et des maux plus terribles encore qui alloient fondre sur elle, *s'il ne faisoit céder à l'humanité de ses sentimens la sévérité de ses principes;* la majeure partie de la députation lui porta elle-même cette adresse au Gros-Morne, où elle conféra avec lui le 29 Octobre.

Là se développa complettement la vérité dont on ne cessoit d'éprouver les tristes effets; c'est que les manœuvres du directoire étouffoient tous les germes des bonnes dispositions que pouvoit avoir M. Damas; dans sa conférence il se déclara disposé à entendre, avec l'intérêt le plus vif, toutes les propositions qui lui seroient faites, à employer tous les moyens de conciliation, et il ne demandoit pour tout préliminaire que le désarmement des corsaires qu'on lui avoit persuadé être armés pour affamer les colons; mais étant pressé pour une réponse positive, il dit qu'il ne pouvoit rien faire qu'après avoir consulté la colonie (1).

Le directoire au contraire chercha à intimider

_____

(1) Procès-verbal de la députation du 29 Octobre.

la

la députation ; il témoigna le plus grand mécontentement sur l'adresse remise à M. Damas ; quelques membres de la députation effrayés des mouvemens qu'ils apercevoient, proposerent une adresse moins forte ; la députation l'adopta par ménagement, et la réponse que fit M. Damas après s'être consulté, fut un congé donné aux députés.

Les motifs de ce congé sont sur-tout remarquables ; il est fondé, 1°. sur l'endurcissement des soldats dans ce que l'on appelle leur révolte ; c'est le moyen par lequel on déguisoit à M. Damas la faute énorme qu'il avoit faite en les abandonnant ; et la soumission dont il devoit être certain si les propositions conciliatoires eussent été adoptées ; 2°. sur l'assertion fausse que les députés avoient déjà demandé sans succès le désarmement des corsaires ; et sur l'imputation vague, mais atroce, qu'ils ne devoient ajouter aucune foi aux paroles des gens qui ne connoissoient plus ni frein, ni loix ; c'est le moyen par lequel on empêchoit que la conférence verbale de M. Damas avec les conciliateurs n'eût des suites : on détournoit ceux-ci de faire aucune démarche pour le désarmement des corsaires qui étoient le seul obstacle présenté par M. Damas, et on écartoit toute idée de conciliation entre les citoyens.

Ces moyens produisirent quelqu'effet sur la députation qui se divisa alors en deux sections ;

F

dont l'une fit sa résidence au Gros-Morne ou à la Trinité, près du directoire, et l'autre se fixa au Fort-Royal, près des commissaires réunis (1); le but de cette division étoit d'entretenir une correspondance active pour se communiquer tout ce qui pourroit encore faire réussir la mission; mais au Gros-Morne toute conciliation fut fermée, tandis que la section du Fort-Royal trouvoit toujours dans le parti, au milieu duquel elle étoit, les dispositions qui l'encourageoient à ne pas désespérer de la paix.

Cette derniere section demanda le 2 Novembre, pour la premiere fois, le désarmement des corsaires; les commissaires lui développerent aussi-tôt les raisons qu'on avoit eues de mettre des bâtimens en croisiere, et déclarerent qu'ils les feroient rentrer dans les ports quand il y auroit assurance invariable d'une cessation d'hostilités du camp du Gros-Morne, des negres et des mulâtres, fondée sur l'ouverture de la conciliation; ils invitoient les conciliateurs à proposer le délai et les formes dans

_____

(1) Il n'est pas indifférent d'observer que la section qui se fixa au Gros-Morne, fut composée de *planteurs* et officiers de la Guadeloupe, qui depuis ont fait la coalition la plus déterminée avec les *planteurs* de la Martinique; l'autre section renfermoit les négocians et les citoyens de la même isle, et les députés de Sainte-Lucie, qui tous ont fait profession constante de patriotisme.

lesquelles la suspension d'armes pourroit avoir lieu.
Sur cette déclaration, la section dressa un projet
de cessation d'hostilités, et l'adressa à l'autre section, en s'applaudissant d'avoir applani une difficulté; mais ses collegues répondirent qu'ils étoient
dans l'impossibilité de remplir leurs fonctions, et
qu'ils partoient avec les prisonniers délivrés de la
Guadeloupe, et trois membres du directoire qui
alloient en députation dans cette isle.

La section ne se rebuta pas; elle s'adressa directement à M. Damas et au directoire, dont elle
reçut la réponse équivoque, que M. Damas s'étoit
expliqué dans ses proclamations; elle insista encore
et écrivit avec la plus grande énergie; mais la réponse fut décisive: M. Damas déclara que les der-
nières propositions lui avoient paru la chose du
monde la plus étrange, et la *manière*, dit-il aux
députés, *dont vous puissiez servir le mieux la cause
des colonies, c'est de retourner auprès de vos commettans.* Le directoire se servit de ces expressions:
« *Nous avons été clairs et précis ; nous ne pouvons
» rien ajouter à notre réponse qu'en tombant dans
» des redites qui paroissent fort inutiles* ». La section fut donc obligée de partir avec cette doulou-
reuse conviction si bien exprimée dans les comptes
qu'elle a rendus à ses divers commettans, *que
M. Damas et le directoire avoient constamment
éloigné tous les moyens de rapprochement.*

Une obstination si constante que M. Damas appelle le zele infatigable des *planteurs*, ne se concevroit pas, si on n'en trouvoit l'explication dans la réunion des forces que le directoire se vit en état de déployer à cette époque, et qui lui donnerent l'espoir d'anéantir ceux qui lui résistoient.

Pendant le cours de la députation, il avoit eu la politique d'offrir à l'assemblée coloniale de la Guadeloupe la remise des prisonniers faits à la journée du 25 Septembre, qui pouvoient l'intéresser ; il avoit par-là cherché à capter cette assemblée, et les députés qu'il envoya avec la section allerent consolider l'ouvrage ; pour mieux réussir, il avoit fait entrevoir que le même intérêt devoit réunir les deux assemblées ; il avoit donné cette tournure perfide que c'étoient les *planteurs* qui défendoient leurs propriétés contre les *brigands* des villes ; il avoit dénoncé M. Coquille Dugommier comme coupable envers les *planteurs*, comme cherchant à se soumettre toutes les colonies, et en accréditant par l'amour-propre des craintes chimériques, il avoit si bien avancé, que des députés de la ville de Saint-Pierre et des commissaires réunis ne purent se faire entendre auprès de l'assemblée de la Guadeloupe ; et que cette assemblée ne se fit aucun scrupule de rappeler les troupes et les volontaires qui étoient au secours de Saint-Pierre. Il acheta en même tems à Saint-Barthelemi un

brik Anglois qu'il y arma en guerre, ainsi qu'un
bateau du sieur Dubuc; mais sa grande force fut
dans l'arrivée de la frégate l'*Embuscade*, commandée
par M. Orléans, et du vaisseau *la Ferme*, com-
mandé par M. Rivieres, qui vinrent tourner contre
des François la puissance que la nation destinoit
à protéger son commerce. La premiere arriva le
19 Octobre, avant que les commissaires eussent
remis leurs propositions de paix ; et déjà livrée au
directoire, elle empêcha douze jours après le vaisseau de suivre sa destination, et de se rendre au
Fort-Royal.

M. Damas prodigue des éloges à ces officiers,
à qui, dit-il, *la colonie doit tant.* Que la France
apprenne ce qu'elle leur doit. M. Rivieres parut
devant la baie du Fort-Royal, le 11 Novembre;
depuis le premier, il étoit mouillé à Ste-Anne :
son équipage y avoit pleinement communiqué à
terre ; il avoit même envoyé une députation au
Gros-Morne, sous prétexte d'y prendre connoissance des événemens, et dans le fait, pour y faire
prendre contre le parti de Saint-Pierre des préven-
tions d'autant plus faciles qu'il n'y avoit point de
contradicteurs (1) ; pendant ce tems il avoit combiné avec le directoire l'emploi de ses armes.

_____

(1) Un chirurgien-major et un sergent du détachement
de Normandie crurent apercevoir de la fourberie au Gros-

A l'aspect du vaisseau, la municipalité du Fort-Royal et les commissaires réunis lui envoyerent promptement offrir tous les secours des magasins, de l'hôpital et des vivres; ils croyoient s'adresser à des François arrivans d'Europe; ils ignoroient les trames du Gros-Morne; le vaisseau ne laissa point aborder les porteurs de cette offre. La section de la députation qui étoit encore au Fort-Royal, se fit un mérite d'aller lui faire connoître son caractere de conciliation, et l'instruire de la véritable situation des choses à la Martinique; elle arbora le pavillon parlementaire; le vaisseau ne la reçut point; et quelques jours après, à son départ, elle fut injuriée par les officiers et les matelots (1). La ville de Saint-Pierre fit une démarche avec aussi peu de succès; enfin les capitaines de navires marchands, après avoir multiplié les efforts pour aborder, pour parler, furent par la violation la plus affreuse du droit des gens, repoussés à coups de canon (2). M. Rivieres décidé à faire tout pour

_____

Morne; ils voulurent parler à leur retour; mais M. Rivieres les fit arrêter, et les renvoya prisonniers au Gros-Morne: l'équipage resta dans l'aveuglement.

(1) Déclaration faite au conseil de ville de Saint-Pierre, par les députés de Sainte-Lucie, le 19 Novembre.

(2) Procès-verbal des Capitaines de commerce du 19 Novembre.

le directoire, craignant que l'esprit de la constitution n'empêchât son équipage d'agir contre les citoyens, s'il les connoissoit, lui ôta la liberté de communiquer et de s'éclairer; un membre du directoire, le sieur Sainson Préclerc étoit à son bord pour l'entretenir dans ce systême; c'est un crime contre la constitution.

Bientôt il s'empara de tous les bâtimens qui entretenoient la communication entre Saint-Pierre et le Fort-Royal; il fournit des affûts, des canons et des munitions pour établir des batteries à terre contre le petit fort de l'Islet à Ramiers où nous avions une garnison qui protégeoit l'entrée de la baye; il attaqua lui-même ce fort qui portoit le pavillon François, et lui tira plusieurs bordées de canon; on le vit assaillir de boulets et mitrailles une pirogue dans laquelle *Dispos*, intrépide canonier, se rendoit à ce fort, à travers tous les dangers.

L'Islet à Ramiers se rendit faute d'eau le 19 Novembre, et la baie du Fort-Royal se trouva étroitement bloquée par *la Ferme*, l'*Embuscade*, les bâtimens du directoire, et tous ceux qu'ils armoient à mesure qu'ils s'en emparoient.

De tels succès étoient faciles, mais ils menoient plus loin; le 25 Novembre, le vaisseau alla devant Saint-Pierre, et on ne peut, sans frissonner, penser à la mission dont il étoit porteur; M. Da-

F 4

mas envoyoit l'ordre aux troupes et aux volontaires de partir sous 24 heures, en leur promettant qu'ils ne seroient point fouillés; il déclaroit qu'à *défaut d'exécution, le vaisseau avoit ordre de tirer sur la ville* (1), et M. Rivieres écrivit aux capitaines des navires (2), qu'il ne *pouvoit leur donner que 24 heures pour sortir de la rade* (3).

M. Rivieres en donnant ce signal de destruction, avoit le déplorable sang-froid d'engager les capitaines à porter dans les autres ports de la colonie *les denrées dont*, dit-il, *ils l'avoient trop long-tems privée*; cette démarche avoit été faite pour inspirer la terreur; elle produisit l'indignation et

_____

(1) Proclamation de M. Damas adressée à M. Molérat le 23 Novembre 1790.

(2) Lettre de M. Rivieres du 25 Novembre.

(3) Le canot que M. Rivieres avoit envoyé fut forcé d'aller à terre; le peuple entoura l'officier porteur de l'ordre et les matelots; chacun s'empressa de les fêter et de leur prouver, par le bon accueil, que la ville méritoit d'être mieux traitée; on leur donna quelques imprimés pour leur faire connoître la vérité; ces papiers furent enlevés par M. Rivieres, et il prétend qu'on vouloit séduire son équipage. M. Damas dit aussi que sa troupe a été séduite; toutes les fois sans doute qu'à la Martinique les citoyens voudront se rapprocher des troupes, il y aura des officiers qui traiteront cela de séduction : calomnie ridicule qui ne décele que la haine de la révolution.

l'union plus intime de tous, pour se défendre jusqu'au dernier soupir.

Chacun cependant crut devoir manifester ses
sentimens; les militaires renouvelerent des propositions conciliatoires, les mêmes-à-peu-près qui
avoient été remises à la députation-des Isles voisines; ils se flattoient que M. Rivieres devoit les
faire valoir; les capitaines de navire l'inviterent
à opérer l'union, mais lui déclarerent que s'il
ne changeoit ses opinions désastreuses, ils étoient
déterminés à ne point abandonner leurs propriétés, et à périr innocens avec les François leurs
débiteurs; tous les citoyens décidés à vaincre où
à mourir, lui rappelerent qu'ils étoient François,
qu'il alloit immoler des freres, souiller de leur
sang la palme de la liberté, qu'ils cherchoient à
élever parmi eux, et offrirent de renverser toutes
les inculpations odieuses qu'on avoit pu élever
contr'eux (1).

Les propositions resterent sans réponse, et les
menaces sans effet; n'étoit-ce qu'une criminelle
fanfaronade? On le saura peut-être un jour, ou
on le devinera au ton que M. Rivieres mettra dans
sa défense; toujours est-il vrai qu'une autre marche
fut combinée; les efforts parurent quelques instans
se diriger du côté du Fort-Royal.

_____

(1) Délibération et diverses adresses du 25 Novembre.

Alors il existoit des craintes de guerre avec les Anglois; suivant M. Rivieres, ce fut le motif pour lequel M. Damas vouloit se rendre maître du Fort-Bourbon, et y mettre une garnison sûre; il l'écrivit ainsi le premier Décembre aux capitaines, en leur demandant une conférence, et cherchant à effacer auprès d'eux l'impression de sa premiere conduite.

Etrange combinaison ! M. Damas fondoit sur ces craintes le motif de faire une guerre plus vive aux patriotes, et ceux-ci n'y voyoient que la nécessité de la paix; le 8 Décembre, une adresse patriotique lui fut envoyée; elle étoit signée de tous les corps militaires et civils existans à Saint-Pierre; il la reçut, il en accusa réception. « Nous » vous invitons, lui disoient-ils, au nom de la » nation, à suspendre de part et d'autre tout acte » d'hostilité, à renvoyer par-devant son assemblée » la discussion de nos différens, et à nous enten- » dre de bonne foi et de concert pour la con- » servation de ses colonies.... Un arrangement » vous donnera la facilité d'exécuter tout ce que » vous croirez convenable à la défense de cette » isle ; les auxiliaires retourneront dans leurs gar- » nisons respectives, et les nouveaux citoyens Fran- » çois manifesteront par-tout à l'ennemi l'énergie » que leur donne la régénération, et si tous les » colons en sont pénétrés, ils seront invincibles ».

Eh ! ce sont ces hommes que M. Damas accusé d'avoir voulu livrer les forts aux Anglois ; qu'il rentre dans sa conscience, lui qui au même instant approuvoit l'arrêté que l'assemblée coloniale prenoit au Gros-Morne pour anéantir le commerce de la métropole à Saint-Pierre, empêcher toute importation de denrées coloniales dans cette ville, lui interdire tout apport de marchandises dans les quartiers de l'isle, en un mot, ôter à Saint-Pierre les moyens d'être payée des sommes énormes qui lui sont dues dans la colonie, et de s'acquitter avec les capitaines du commerce des capitaux qu'ils ont répandus dans son sein.

M. Damas en accusant Saint-Pierre dans son mémoire, n'a parlé ni de l'ordre barbare dont M. Rivieres s'étoit chargé, ni de l'arrêté inconstitutionnel du 8 Décembre, qui brisoit tous les liens de la métropole avec la colonie ; sans doute, il dira qu'il n'étoit pas obligé de produire des titres contre lui-même ; qu'il ne parle donc pas de la modération des *planteurs* ; qu'il ne dise pas *qu'ils ont fait taire leur ressentiment, au lieu de venger toutes leurs injures, en marchant avec trente mille esclaves à Saint-Pierre* ; qu'il ne dise pas, *qu'ils ont voulu attendre de l'assemblée nationale la justice qu'ils pouvoient se faire eux-mêmes* ; c'est la fermeté des citoyens, des défenseurs de Saint-Pierre, des capitaines du commerce, qui a enchaîné la horde prête à exécuter l'idée horrible retracée par M. Damas, et le directoire a voulu s'en venger par son monstrueux arrêté.

Peut-être qu'il sera difficile de dire quel est le plus coupable, du directoire sacrifiant tout à ses vengeances, au maintien d'une autorité usurpée, repoussant la conciliation, ordonnant la guerre, et la suivant avec un incroyable acharnement; ou de M. Damas oubliant qu'il avoit le caractere de représentant du roi des François, et secondant toutes les passions du directoire; ou de M. Rivieres, se livrant à un parti sans le connoître, adoptant ses fureurs, rejetant la lumière pour se déclarer l'ennemi des François, et l'antagoniste du commerce; la même proscription doit les envelopper tous, car le concert le plus inique régnoit entr'eux, et à la suite de tant de traits, quelques faits viennent encore le prouver.

L'assemblée coloniale de la Guadeloupe envoya dans le mois de Novembre une nouvelle députation à la Martinique; Celle-ci étoit adressée directement à l'assemblée coloniale et à son directoire; elle avoit une mission particuliere, relative à la coalition des deux assemblées, mais elle parut s'occuper aussi de la médiation.

Elle reçut le 27 Novembre de l'assemblée coloniale la même réponse qui avoit paralisé la première députation, c'est-à-dire, qu'on s'en tenoit aux proclamations de M. Damas, ou en d'autres mots, qu'on ne vouloit que la guerre, puisque ces proclamations donnoient des termes au-delà desquels il n'y avoit que la guerre.

Malgré cette déclaration, elle adressa des propositions de paix à Saint-Pierre, en lui annonçant que si elles étoient accueillies, l'assemblée coloniale pourroit également les adopter. Rien ne se présentoit avec moins de faveur; mais Saint-Pierre ne vouloit se refuser à aucune ouverture de conciliation; elle discuta les propositions, et fit demander un sauf-conduit à M. Rivieres, pour les communiquer aux commissaires réunis au Fort - Bourbon; M. Rivieres le refusa de la maniere la plus révoltante; il écrivit au conseil de ville : *que c'étoit un prétexte pour avoir communication avec le Fort-Royal; que la seule lettre qu'il pouvoit faire passer, et ouverte, après l'avoir communiquée, ce seroit celle où Saint-Pierre marqueroit au Fort-Bourbon de se soumettre aux proclamations de M. Damas.* Il écrivit aussi le 4 Janvier : » assuré de la clémence de ce chef, » ayez-y recours, et je ferai mes efforts pour seconder vos intentions ». C'est ainsi que ces Messieurs abusoient de la force, et foulant aux pieds la nouvelle constitution, parloient de leur clémence à des François qui ne réclamoient que la justice de la nation.

Le 22 Novembre, la ville de Saint-Pierre en-

gagea les capitaines et négocians à porter des vivres dans les quartiers de la colonie qui en auroient
besoin, et M. Rivieres fit une proclamation pour
défendre au commerce de France, le *Lamentin et
les Trois Islets, de peur qu'on ne pût approvisionner le
Fort-Royal*; il envoya même chercher les capitaines pour les exhorter de nouveau à quitter la ville
de Saint-Pierre, et aller porter leurs denrées par-
tout ailleurs (1).

La frégate l'*Embuscade* dont les manœuvres
étoient parfaitement d'accord, croisoit alternati-
vement avec le vaisseau devant Saint-Pierre; il n'y
avoit aucun navire d'Europe qu'elle ne détournât d'y
mouiller, sans s'inquiéter des assurances ni des ar-
mateurs; les navires qui se présenterent pour le Fort-
Royal en furent impérieusement repoussés, tandis
que les bâtimens étrangers entroient librement dans
toutes les ances, et emportoient avec impunité
toutes les denrées; elle emmena de force à la Case-
Navire les bâtimens qui portoient l'argent envoyé
par le ministre dans les colonies, et les contraignit
de le remettre au directoire, quoique son administration fût généralement reconnue en France
comme une usurpation criminelle.

MM. Rivieres et Orléans ne se bornent pas à

_____

(1) Procès-verbal de la conférence des Capitaines avec
M. Rivieres, du 8 Décembre.

écarter de leurs équipages tous les moyens de communiquer et de s'éclairer ; ils leur en ont fait perdre même le desir, en leur insinuant qu'ils n'agissent contre les villes de Saint-Pierre et du Fort-Royal , que parce que ces villes sont des repaires de brigands ; certains de les prendre dans ce qui leur est le plus sensible, dans l'amour de la révolution , ils n'ont pas craint de représenter ces prétendus brigands , comme d'odieux aristocrates ; et pour plus de succès , ils y ont joint l'appas du gain; M. Orléans prit un bateau près Saint-Pierre; il écrivit que *son équipage le regardoit comme sa propriété.* Le sieur Calabre, (1) procureur du roi, en l'amirauté du Fort-Royal, dont le juge siégeoit toujours en cette ville , a érigé un tribunal d'amirauté à la Case-Navire ; il y prononce la confiscation des bâtimens dont MM. Rivieres et Orléans s'emparent, et la vente aux profits des équipages. La crédulité, la bonne foi , la foiblesse des matelots François servent à des hommes pervers, pour consommer leurs crimes. Sans ces manœuvres, auroient-ils osé sou-

_____

(1) Ce sieur Calabre est célebre; il a été souvent suspendu de ses fonctions par le conseil supérieur, qui, la derniere fois, lui fit grâce de huit jours sur trois mois, pour céder aux vives instances de sa femme , et sous les plus dures conditions : sa conduite à la Case-Navire s'accorde parfaitement avec sa réputation.

tenir le brik du directoire, monté par des mulâtres, faisant feu sur les officiers de l'amirauté de Saint-Pierre qui alloient lever le cadavre d'un homme assassiné par d'autres mulâtres (1) ? Les auroit-on vus arrêter une goëlette Angloise, en tenir le maître et les équipages aux fers, parce qu'ils étoient entrés au Fort-Royal, et ne les relâcher, qu'après s'être emparés de leurs lettres ? Les auroit-on vus, sous le même prétexte, prendre une goëlette Espagnole, (2) en traiter l'équipage avec la plus grande inhumanité, et intenterc ontre lui l'apparence d'une procédure, de ne la relâcher sur la réclamation d'un autre espagnol que moyennant une somme d'argent, et retenir encore la goëlette ? Ces faits sont prouvés par des pieces authentiques ; combien d'autres n'ont pu parvenir jusqu'à nous !

Rien n'étoit sacré, les pavillons étrangers ne devoient pas être plus respectés que le pavillon François : le directoire et ses sectateurs aspiroient à réduire le Fort-Bourbon, pour se rendre facilement maîtres de S. Pierre, et ne le pouvant pas par la

---

(1) Ils ont dressé procès-verbal de cette expédition.

(2) La *N. D. des Carmes*, capitaine *Antonio Rosalès* de l'Orénoque ; elle a été réclamée par le capitaine Espagnol *François Erchevenia*, venant de l'Orénoque, qui a donné 274 piastres par capitulation au sieur Calabre pour la liberté de l'équipage.

force ;

force, ils espérerent y parvenir par la famine; tout fut sacrifié pour le bloquer; M. Rivieres étoit parvenu à se faire une espece d'escadre, en donnant à ses officiers le commandement des bateaux, et goëlettes qu'il prenoit. Il composoit leurs équipages de quelques negres : huit ou neuf bâtimens croisoient devant la baie, et ne laissoient pas même approcher une pirogue (1).

---

(1). M. Rivieres s'est plaint de ce que Saint-Pierre, dans une occasion, a tiré sur lui à boulets rouges : « *Vous* » *mettrez par-là,* écrivoit-il à cette ville, *le comble à vos* » *indignes procédés.* (*) ». Une des batteries tira, en effet, sur lui, mais non pas à boulets rouges, un jour que, dans le cours de ses hostilités, il s'étoit trop approché, et longtems après qu'il avoit manifesté l'ordre de tirer sur la ville; le Fort-Royal lui lança quelques bombes, lorsqu'il couvroit de boulets l'Islet à Ramiers qui ne lui répondoit pas; et dans le juste ressentiment d'une pareille attaque, les commissaires firent une requisition formelle au commandant d'artillerie, de tenir sans cesse les fourneaux et les mortiers prêts. S'en étonnera-t-on ? Falloit-il se laisser dépouiller de tous ses bâtimens, se voir périr par la famine, rester exposés à être pris d'assaut, plutôt que de repousser l'ennemi ? M. Rivieres n'est-il pas seul comptable de ce qui seroit arrivé au vaisseau que la nation lui avoit confié ? Il ne manqueroit plus que ce trait à la cause du directoire; qu'il tâche de nous faire un crime de ce que nous nous sommes défendus contre M. Rivieres, après avoir fait tant d'efforts pour l'empêcher de nous combattre.

(*) Lettre de M. Rivieres du 4 Janvier.

G

L'armée de-terre avoit multiplié ses postes au-tour de la ville ; rien ne pouvoit y entrer ; personne n'en pouvoit sortir, sans courir les risques d'être massacré ; ils poussoient la scélératesse jusqu'à rompre le canal qui fournit l'eau à la ville, et déjà ils calculoient l'instant où les vivres alloient man-quer.

Sans doute ils se sont réjouis de l'état déplorable dans lequel ils ont plongé les citoyens de cette ville, et il est difficile d'en concevoir un plus affreux ; tous les magasins vides, toutes les provisions par-ticulieres épuisées, les hommes réduits à la demi-ration, les femmes et les enfans à moitié des hom-mes, sans vin, sans viande fraîche, sans légumes. Tel a été pendant long-tems le sort de la ville du Fort-Royal ; il auroit fallu succomber, si de bra-ves marins affrontant tous les dangers, ne se fus-sent glissés dans des pirogues à la faveur de la nuit ; des goëlettes ont ensuite profité des avantages d'une marche légere, pour échapper à la surveil-lance, et un navire Bordelois est même entré par la ruse la plus heureuse. Quelle énergie ne donne pas le patriotisme ? Les citoyens, les soldats atten-doient les forces nationales, et ils se voyoient pé-rir sans redouter rien tant que de tomber au pou-voir des ennemis.

Dans cet état, ils ont employé tous leurs moyens pour repousser les assiégeans ; ils ont foudroyé du haut de leurs remparts tous les postes qu'ils ont pu atteindre; ils ont fait de fréquentes sorties; chaque jour même, ils ont été obligés de former des retranchemens et livrer des combats, pour se procurer du bois à brûler, pour arracher quelques racines de manioc, cueillir quelques bananes et prolonger leurs jours.

M. Damas qui garde le silence sur ce qu'il a fait pour réduire cette place à la derniere extrémité, imprime que les garnisons ont dévasté, incendié les habitations avec une fureur sans exemple, qu'il a rapproché les postes pour garantir les campagnes et rétrécir le champ de la dévastation ; *il a négligé, dit-il, folio 37, une infinité de faits qui n'entroient pas dans son plan* ; c'est qu'il n'avoit d'autre plan, que d'en imposer à toute la nation ; mais qui pourra voir ce que des malheureux ont eu à souffrir dans ce siege cruel, et leur faire un crime de ce que les combats qu'ils ont livrés pour leur subsistance, ont été funestes à quelques habitations? Resserrés au point de ne pouvoir s'étendre jusqu'à la portée du canon, sont-ils coupables de dévastations, parce qu'ils ont profité des racines que la terre leur offroit dans cet espace étroit, ou parce que le besoin de faire du pain n'a pas permis de respecter le bois de quelques maisons?

Si quelqu'un pouvoit les blâmer, à quelle punition dévouera-t-il les agens du directoire qui sans nécessité, sans combat, uniquement pour faire le mal, ont pillé, dévasté, rasé les habitations qui leur avoient été désignés, non pas seulement dans les environs de Saint-Pierre, comme le dit M. Damas, mais dans les environs du Fort-Royal, dans les quartiers les plus éloignés, au Marin, à la Riviere-Pilote, aux Ances d'Arlets ? ne sont-ce pas les vrais criminels, ceux qui travailloient tous ensemble à faire périr les hommes auxquels ils n'avoient pu faire subir le joug, et à détruire leurs propriétés, et qui les livroient à la mort ou au désespoir ?

Quelle opinion M. Damas croit-il donner de lui, lorsqu'il dit, que voulant *diminuer les dangers de ses postes*, il a fait établir une batterie de deux mortiers, et fait tirer *quelques bombes* sur le Fort-Bourbon, *pour lui en imposer*. Il avoue que cela a été inutile, et certes ses lecteurs s'en douteront bien ; mais est-ce comme militaire qu'il parle de cette entreprise ? C'est se couvrir de ridicules. Est-ce comme représentant du roi, comme gardien des arsenaux et magasins que la nation a dans la colonie pour sa défense ? C'est avouer un crime ; car ses bombes pouvoient tout incendier, tout détruire. Est-ce comme chef de parti ? Sans doute on ne peut avoir une autre idée, et ces bombes dirigées contre le Fort-Bourbon couronnent la conduite de M. Damas et de son armée.

Il a commencé le bombardement le 15 Janvier ;
et l'a continué pendant plus d'un mois ; de maniere que chaque soir, après le soleil couché, il
lançoit 8 ou 10 bombes *pour en imposer*, et c'étoit
aussi *pour en imposer* qu'en même tems il faisoit tirer contre le Fort-S.-Louis deux canons de
36 placés à la pointe de la Vierge, desquels il ne
parle pas ; plusieurs édifices publics ont été dégra-
dés. dans ces deux forts, mais l'ardeur de ceux
qui les défendoient a redoublé, et après avoir mis
tous leurs soins à préserver les poudrieres de l'em-
brâsement, ils ont répondu facilement à l'attaque ;
ils ont pensé que les mulâtres et les negres ne
voyant aucun effet des promesses qui leur avoient
été faites, n'ayant plus d'habitations de patriotes
à dévaster, commençoient à menacer ceux qui les
avoient mis en œuvre, et que pour les détour-
ner, il avoit fallu les occuper encore à faire du mal
aux patriotes, sans considérer les suites qui pouvoient en résulter pour la colonie entiere.

Que ç'ait été là le véritable motif, ou que
M. Damas soit seul chargé du bombardement des
forts, comme il paroît y consentir, il est une
circonstance bien aggravante, et dont il devra toujours un compte particulier à la nation. Le décret
du 29 Novembre lui a été connu peu de tems
après les premieres bombes ; il a été porté à la Trinité par l'aviso *le Ballon*, et les bombes ont con-

tinué. La ville de Saint-Pierre l'a reçu quelques jours plus tard ; son conseil de guerre a écrit à M. Damas pour l'engager à suspendre les hostilités ; les citoyens de Castries-Ste-Lucie ont fait faire la même démarche auprès de lui, et il a répondu que le décret ne devoit avoir son exécution qu'à l'arrivée des commissaires, parce qu'il ne l'avoit pas reçu officiellement (1), et non seulement les bombes ont continué contre les forts, mais le blocus de la ville du Fort-Royal a été plus rigoureux, et les dispositions hostiles ont été multipliées contre la ville de Saint-Pierre, comme si le directoire eût craint de ne pouvoir consommer ses projets avant l'arrivée des forces.

M. Damas a voulu corriger ce que sa nouvelle déclaration de guerre avoit d'odieux, en ajoutant

---

(1) Comment concilier M. Damas avec lui-même? Il refuse d'exécuter le décret destiné à pacifier la colonie, sous prétexte qu'il ne l'a pas reçu officiellement ; et au mois d'Octobre, il vouloit faire exécuter les décrets des 7 et 8 Août qui ne lui avoient point été adressés, et dont le premier relatif à un seul corps, ne pouvoit avoir ailleurs aucune application. Le mot de l'énigme n'est pas difficile ; le directoire ne vouloit que l'exécution des décrets dont il croyoit pouvoir abuser ; ceux des 7 et 8 Août convenoient à sa puissance ; celui du 29 Novembre l'anéantit, et ordonne la paix : il falloit donc, jusqu'au dernier souffle, en écarter l'exécution.

qu'il alloit donner ses ordres pour *qu'il ne se com-mit d'hostilités que par représailles, comme par le passé ;* mais peut-on s'y tromper ? Il est évident qu'une ville assiégée, cernée de toutes parts, à qui on coupe les communications, contre laquelle on éleve des batteries, et dont toutes les forces suffisantes à peine pour défendre un terrein vaste, ouvert et dominé, exigent le service le plus dur, quelque chose qu'elle fasse, ne peut jamais être regardée comme ayant attaqué, mais comme ayant fait ce que la nécessité de se défendre enjoint à tout homme qui en a la faculté.

Eh ! dans quel instant la ville de Saint-Pierre eut-elle plus d'intérêt de se conserver ? L'assemblée coloniale est suspendue, le directoire et ses opérations inconstitutionnelles sont renversées, des commissaires sont envoyés pour s'instruire des faits, pour sonder les cœurs et reconnoître les véritables amis de la constitution ; voilà tout ce que Saint-Pierre a desiré, et tout lui dit d'attendre avec tranquillité les représentans de la nation pour assurer la confusion de ses ennemis.

Par la même raison, cet instant qui devoit suspendre la guerre, l'a rendue plus terrible contr'elle, et le directoire prévoyant sa propre dissolution, a voulu signaler ses derniers momens par ses vengeances. Il en a confié le soin à M. Bouillé, co-

lonel du régiment de Viénois (1), qu'il a fait
commandant-général, et qui n'a pas rougi de partager avec *Fayance*, dit *Compere*, l'avantage de
commander les esclaves. Le sieur Lambert, officier au régiment de la Martinique, qui a déserté

---

(1) M. Bouillé est arrivé au mois de Novembre à la Martinique; il a débarqué à Saint-Pierre : le conseil de ville lui
a permis d'aller sur l'habitation de sa femme, et l'a invité à
travailler à la paix : il l'a promis; et au cas où il ne réussi-
roit pas, il a juré de garder la plus exacte neutralité; bientôt il a combattu Saint-Pierre par les raisonnemens du directoire; en Décembre, il a été membre de l'assemblée
coloniale séante au Gros-Morne; en Janvier, il a été commandant-général de l'armée; et personne n'a montré un
acharnement plus fort à la destruction de Saint-Pierre : ses
lettres, ses billets, ses ordres trouvés seront les monumens
de sa gloire. Il existe entr'autres de lui un trait fort propre
à faire connoître l'esprit qui régnoit au Gros-Morne; il
écrivit au conseil de ville le 9 Décembre : « Vous dites,
» Messieurs, que le cœur du *général est bon, que vous le*
» *plaignez de n'avoir pas l'énergie nécessaire pour donner à*
» *sa bonté un cours plus efficace;* l'Assemblée nationale ayant
» *décrété* de lui vôter des remercîmens sur la conduite éner-
» gique qu'il a tenue le mois de Juin dernier envers votre
» ville, suffit pour confondre votre assertion ». Trop souvent la mauvaise foi a supposé des décrets de l'Assemblée
nationale qui n'ont jamais existé; mais en supposer un
pour justifier le dessein affreux d'aller exterminer une ville,
comme M. Bouillé l'avoit à ce moment, c'est un crime ca-
pital que ce colonel ne peut expier.

de Saint-Pierre, après avoir travaillé à sa défense avec l'apparence du zele, le sieur Catalogne et autres officiers du même corps se sont distribué les commandemens particuliers ; des batteries ont été dressées dans tous les points d'où on pouvoit battre la ville, le canon a joué contr'elle ; ses maisons ont été écrasées, et tous les mouvemens annoncent la disposition prochaine d'une attaque générale.

S'ils y réussissoient, si le nombre rendoit inutile l'intrépide constance des citoyens et des soldats, si Saint-Pierre tomboit sous la domination du directoire, tremblez, citoyens François, du sort qui seroit réservé à vos freres ; ces *planteurs* ne le dissimulent pas, tout seroit détruit, et à force de barbarie, ils auroient bientôt réalisé le desir qu'ils nourrissent depuis si long-tems, qu'ils ont manifesté dans tous leurs écrits, de faire de Saint-Pierre un rivage de pêcheurs.

Après nous être élevés pour repousser l'oppression, après avoir proposé la paix autant de fois que l'occasion s'en est présentée, nous luttons contre la destruction, et si les forces nationales ne viennent nous y soustraire, nous vendrons cher les derniers instans de notre vie ; mais en attendant, nous déposons ici l'histoire des épreuves cruelles que nous subissons depuis six mois, afin que la nation Françoise apprenne au moins que nous méritions les efforts qu'elle a faits pour nous secourir.

Oui, l'amour de la constitution a seul animé le parti de Saint-Pierre, et aucun doute ne peut s'élever là-dessus, malgré les futiles raisonnemens de M. Damas : « le mot *aristocrate* n'a, dit le » mémoire, aucune application raisonnable aux » colonies où les droits féodaux n'ont jamais » existé, où il n'y a gueres de différence entre » les hommes que celle qui tient à la couleur » ; est-ce là encore un moyen pris *pour en imposer ?* Qui ne sait que le mot d'*aristocrate* s'est appliqué par la révolution à tous ceux qui, abusant de près ou de loin du nom du roi, exerçoient sur leurs subalternes la tyrannie à laquelle ils étoient asservis eux-mêmes vis-à-vis de leurs supérieurs, à tous ceux qui, singes des grands, croyant que leur noblesse ou leurs richesses les mettoient au-dessus du peuple, l'écrasoient de leur fictive grandeur; à tous ceux qui soit qu'ils fussent quelque chose dans le monde, soit qu'ils en eussent seulement l'opinion, se sont roidis contre la constitution qui fait disparoître leurs chimeres, et les force à l'égalité; on ne peut méconnoître à ces traits la plupart des hommes dont M. Damas se déclare le défenseur.

Vainement se déguisent-ils sous le nom de *planteurs* qui n'a que l'apparence de la modestie, et qui ne peut tromper que ceux qui sont loin du pays qu'ils habitent ; on croiroit qu'un *planteur* est l'homme qui cultive son champ/ de ses propres mains, le paysan, le bon laboureur que la révolution a remis à sa place, et qui par-là doit bénir la révolution ; ce n'est point cela ; un *planteur* à la Martinique est le propriétaire d'une grande habitation, qu'il fait cultiver par ses negres, et qui outre la domination qu'il a sur une quantité d'esclaves, se repait le plus de vaines idées de prééminence. Le nom de *planteur* ne se donne pas à tous les propriétaires d'habitation, il est affecté plus particuliérement aux sucriers, et ce sont ceux-là qu'il faut entendre par excellence quand on parle des *planteurs*.

Ces *planteurs* se sont aggrandis à raison des avances énormes (1) qui leur ont été faites par

_____

(1) M. Dubuc, pere, qu'un Ministre a décoré du titre d'intendant des colonies, est *planteur* ; il doit à la nation sur son habitation, 1,500,000 livres, argent de France, qu'un ministre lui a prêtées; le 22 Février 1790, il falloit payer les intérêts : il n'avoit pas le premier écu; il a présenté un mémoire le 21, et a offert son habitation, pour un prix exhorbitant, à M. la Luzerne, dans l'espoir que ce Ministre voudroit consulter l'Administrateur de la Martinique sur la véritable valeur. C'est ce qui a été fait, et l'Administrateur a été déplacé au mois de Juillet, renvoyé en France, poursuivi comme ennemi de la colonie par l'assemblée coloniale, sous la présidence perpétuelle du sieur Dubuc, fils.

le commerce, et ils le redoutent dans le sein des
villes par l'idée importune des sommes qu'ils lui
doivent; la crainte d'une loi générale qui les force
enfin au payement, les rend capables de tout pour
en prévenir l'effet, et conserver la possession des
biens dont ils jouissent aux dépens de leurs créanciers (1).

Leur existence dans la colonie ne remonte qu'à
deux ou trois générations, ou aux soins que le
gouvernement prenoit ci-devant de la population,
en envoyant des *engagés pour 36 mois*; mais parce
qu'ils sont devenus colons un peu plutôt, ils af-
fectent le mépris pour les Européens qui sont venus plus récemment habiter les villes de la colonie, et animer le commerce et l'agriculture par
leur industrie (2).

_____

(1) Leur député leur écrivoit le 15 Juin : « Je vous
» avertis que Saint-Pierre demande à l'Assemblée nationale
» la saisie-réelle : quelque chose que dise votre assemblée
» coloniale, on répondra ici qu'elle est composée d'habi-
» tans qui ne peuvent être *juges et parties*, on suivra *ce*
» *que l'équité paroît indiquer*........, et vous sentirez trop
» tard que devoir à la ville de Saint-Pierre, c'est s'enchaîner
» et s'exposer à être dépossédés ». Dans la même lettre, il
» disoit : « *Prenez et soyez inflexibles......*; *le moment des*
» *réclamations violentes est arrivé pour vous, etc.* ».

(2) Le député dit dans la même lettre : « J'ai le cœur
» dans un *étau*, quand je songe que, placé à deux mille

La magistrature de l'isle est en quelque sorte
devenue leur patrimoine : eux seuls sont membres
du conseil supérieur qu'ils appellent *conseil sou-
verain* pour s'élever à la hauteur des parlemens,
où ils siégent, il est vrai, gratuitement, mais où
en jugeant ils acquéroient des brevets de noblesse ;
officiers de milice, ils portent l'épaulette, ils par-
viennent à la croix ; ils étoient faits commandans
de paroisses ; ils y exerçoient arbitrairement la
police sur leurs concitoyens, et ils tiennent si fort
à ces distinctions qui étoient le délire de l'ancien
régime, que dans l'assemblée coloniale, lors même
qu'elle créoit, suspendoit, agissoit souverainement,
le colosse de cette milice despotique n'a pas pu
faire place à une milice libre et nationale (1).

» lieues de ce monde-ci, vous êtes obligés d'y venir disputer
» de la propriété de votre bien, et contre qui ? grand Dieu !
» contre des hommes qui abordèrent sur vos rivages pour
» y chercher un bien-être que leur patrie leur refusoit ».
Observez que beaucoup de propriétaires actuels d'habitations étoient dans le commerce il y a peu de tems ; que
des bénéfices qu'ils y ont faits, ils ont eu de quoi fournir un
commencement de prix, et sont ainsi devenus *planteurs* :
ce n'est pas à ceux-là que doit s'adresser la lettre du député.

(1) Ils ont cependant créé des municipalités, mais uniquement pour en avoir le nom ; car ils les ont mises sous la
dépendance du conseil supérieur et du gouvernement ; ils
ont même autorisé et le gouverneur et les commandans à
agir sans la réquisition des Officiers municipaux.

Le mensonge du nom de *planteur* est tel que des officiers employés ici pendant la derniere guerre, et à qui leur rang a procuré des mariages, se mettent au rang des *planteurs*, parce que leurs femmes possedent des habitations. MM. Dillon et Bouillé sont de ce nombre.

Le parti de l'assemblée coloniale ne comprend-il pas aussi parmi ses principaux moteurs, des hommes qui n'ont aucune propriété dans la campagne? Le sieur Guigno et autres habitans du Fort-Royal qui vivoient des faveurs du gouvernement, ou qui se sont flattés d'attirer dans leur ville le commerce aux dépens de Saint-Pierre, ne sont pas des *planteurs*; des habitans de Saint-Pierre qui y figuroient par leurs richesses, ne sont pas des *planteurs*; ils sont cependant au sein du directoire, et ils ont été suivis par ces personnes que M. Damas appelle des *nobles enregistrés, et les meilleurs citoyens*, qui, s'ils n'avoient pas beaucoup de priviléges, ne formoient pas moins dans les villes, *une espece particuliere*.

Il n'y a donc qu'illusion dans ce *nom de planteurs*; il n'a été mis en avant que pour persuader à l'Europe qu'il s'agissoit ici d'une simple discussion entre le commerce et l'agriculture; mais comparez les deux partis, vous voyez, d'un côté, cette coalition de tous les hommes à pouvoirs, à préjugés, à vanité, ralliés, soit des compagnes, soit des villes, et criant qu'ils veulent sauver la colonie, comme les rêveurs de contre-révolutions ont prétendu qu'ils vouloient sauver la monarchie ; de l'autre, la réunion de tous ceux qu'on appeloit petits, de ces habitans de la campagne qui n'avoient ni ambition ni dettes, et qui, échappant à l'ancien despotisme, n'ont pas voulu tomber sous celui des prétendus grands de la colonie, de ces citoyens des villes qui n'avoient aucune rivalité ; de ces négocians des ports françois qui, dans toute la France, ont soutenu la constitution, et l'ont préservée de toute attaque ; parmi eux il est aussi des grands propriétaires, *des nobles enregistrés* qui, comme tant de membres honorables de la noblesse et du clergé, ont échappé aux erreurs de leurs semblables ; les troupes de ligne se sont fédérées avec eux par le même sentiment qui n'a fait par-tout qu'un seul peuple des militaires et des citoyens, tandis que leurs officiers ont été avec l'autre parti joindre ensemble leurs regrets et leurs fureurs.

Examinez leur langage, vous voyez que si en France la révolution a été traitée par ses ennemis de brigandage fait sur les propriétés, sur l'autorité légitime, si les aristocrates se sont vengés en prodiguant les noms de brigands au peuple, de même ici le réveil du peuple a été traité d'invasion sur les propriétés des *planteurs*, de révolte contre l'autorité légitime, et les citoyens sont appelés des brigands.

Si le nom de *planteurs* pouvoit en imposer un
seul instant, un de leurs écrits particuliers suffit
pour les juger ; ils s'y sont en quelque sorte définis
eux-mêmes, dans un mémoire répandu par l'assemblée coloniale le 18 Décembre 1789, pour prê-
cher la scission avec Saint-Pierre ; ils prononçoient
cette phrase digne en tout de l'ancienne barbarie,
et qui est, pour ainsi dire, le texte de toutes leurs
actions postérieures ; « comment se trouveroit-il
» *dans la classe des habitans* (1), *des hommes*
» *éclairés, prépondérans dans la colonie*, sur les
» quels elle a les yeux ouverts, qui abandonnas-
» sent lâchement leurs représentans, *et ne voulus-*
» *sent pas partager leurs justes ressentimens ?* »
Peut-il y avoir un foyer plus dangereux pour la révolution qu'une assemblée coloniale capable de
souffler de pareils sentimens ? Il n'est pas douteux,
et c'est notre grand malheur, que dans la guerre
qui ravage la colonie, l'intérêt a la plus forte part ;
il avoit divisé les esprits avant la révolution même
dans une assemblée coloniale créée en 1787 par le
ministre, où les propriétaires d'habitations avoient

_____

(1) Le nom de *planteurs* n'étoit pas encore en vogue ;
celui d'habitans vouloit dire à-peu-près la même chose,
mais l'idée qu'il présentoit avoit trop d'extension pour ce
qu'on vouloit désigner, et on lui a substitué le nom de
planteurs.

déjà

déjà voulu subjuguer le commerce, où l'on avoit jeté les bases de ce système meurtrier qui vouloit anéantir les villes dans les colonies et notamment la ville de Saint-Pierre, et telle a été la fatalité attachée à ce pays que les antagonistes de Saint-Pierre combattent tout à la fois contre la révolution, et contre leurs créanciers; contre la révolution, ils ont été soutenus par tous ceux qu'elle choque, et ceux-ci pour mieux déguiser de mauvaises intentions, les ont laissés se couvrir des prétextes de l'intérêt.

M. Damas n'emploie-t-il pas l'éloquence de son mémoire à déclamer contre la concentration du commerce à S.-Pierre, contre l'entrepôt des Américains établis dans cette ville, contre les commissionnaires qu'il place entre le commerce de France et les colons, comme vivant aux dépens de tous les deux? Après avoir prodigué à Saint-Pierre les injures familières de brigands, &c. après avoir déclaré que son intention ne porte cependant que contre quelques séditieux, ne s'égare-t-il pas de nouveau à dire que cette ville est enflée de sa richesse, de sa grandeur, et nourrit des idées de domination? Mais dans ces déclamations ceux qui dirigent sa plume se font connoître malgré eux; ce sont les mêmes qui ont ordonné au commencement de 1790 la scission de la campagne avec la

H

ville, sous prétexte que le peuple n'avoit pas voulu recevoir de l'assemblée coloniale une espece de loi martiale; ils ont marché contre Saint-Pierre au mois de Juin, sous prétexte que le peuple avoit sévi contre quelques mulâtres en insurrection; ils font la guerre, ils effectuent la scission, ils conjurent la perte, la ruine, la destruction de Saint-Pierre, sous prétexte que le peuple a secondé l'humanité des soldats, qui ont délivré des citoyens injustement détenus, et plus injustement encore voués au bannissement après leur injuste détention; ainsi tous les mouvemens du peuple ont servi de prétexte aux vengeances, et l'intérêt alimente la haine de la révolution.

Qu'est-ce que ce reproche fait à Saint-Pierre de vouloir dominer les campagnes? Rien autre chose que le regret de voir la résistance vigoureuse que cette ville oppose à la domination de l'assemblée coloniale. Jamais aucun acte, aucune pièce, aucune démarche a-t-elle eu pour but d'établir la moindre domination de la ville? on n'appellera pas ainsi le desir que des créanciers ont pu témoigner de se faire payer au nom de la loi : on ne donnera pas non plus ce nom au vœu ardent que des François ont fait de jouir des bienfaits de la liberté constitutionnelle et de l'égalité; mais l'assemblée coloniale qu'a-t-elle fait que s'arroger une puissance monstrueuse , et chercher à dominer l'assemblée nationale elle-même ? On ne peut voir sans étonnement son arrêté du 12 Juillet pour sa constitution ; on aperçoit avec effroi les suites terribles qui en dévoient résulter.

ART. I. L'assemblée coloniale *agréant* les dispositions des décrets et instructions de l'assemblée nationale des 8 et 28 Mars dernier, en *ce qu'elles lui accordent* le droit de mettre à exécution provisoire des loix purement intérieures avec la sanction de gouverneur, et en réservant l'approbation définitive au roi et à la législature Françoise, déclare *qu'elle n'entend point se désister ni renoncer en aucune maniere au droit qui lui appartient exclusivement de* régler définitivement sous la *simple approbation* du gouverneur provisoire et définitive par le roi, tout ce qui tient au régime et à la police des affranchis et esclaves de la colonie.

II. L'assemblée déclare en outre que les loix qui toucheroient aux rapports extérieurs, et qui pourroient changer ou modifier les relations entre la colo-

nie et la métropole, ne sauroient avoir d'exécution provisoire, avant d'avoir été consacrés par l'assemblée nationale et le roi ; de même que ces loix ne pourront jamais être définitivement arrêtées par l'assemblée nationale, avant d'avoir été soumises à l'examen de l'assemblée coloniale et discutées par elle.

Avec de tels arrêtés, l'assemblée coloniale, quoiqu'elle jurât fidélité à la nation, à la loi et au roi, s'érigeoit sous le manteau de la constitution, un pouvoir diamétralement opposé à la constitution, un pouvoir législatif prêt à heurter la législature Françoise, et de même que le despotisme des gouverneurs étoit infiniment plus redoutable dans les colonies à cause de l'éloignement, de même se préparoit ici le despotisme nouveau de l'assemblée coloniale, et il se consolidoit de manière à faire le mal si complettement, que la France n'y pût porter que des remedes tardifs et inutiles.

N'est-ce pas servir la constitution que de résister, comme l'a fait Saint-Pierre, à une puissance de cette espece, et peut-on témoigner une antipathie plus méthodique contre la constitution, que de se soumettre, comme a fait l'assemblée coloniale, aux calculs de son ambition ?

On a souvent répété que la constitution ne pouvoit pas s'établir dans les colonies telle qu'elle est décrétée pour la France, que le climat et les localités s'y opposoient ; c'est certainement l'erreur la plus pitoyable, puisque la différence de climats n'a point déterminé en France une constitution pour le midi et une pour le nord, ou, comme on l'a dit, une constitution d'hiver et une constitution d'été; puisque les localités ne peuvent donner que des nuances prévues par la constitution même (1), et que ce qui concerne l'impôt et le régime des esclaves et affranchis ne doit être que la matiere de quelques réglemens particuliers sans rien changer aux principes constitutionnels, sous lesquels tous les François doivent respirer; mais cette erreur accréditée a eu la plus cruelle influence à la Martinique; il en est résulté que l'Assemblée nationale ayant voulu consulter les colonies dans leurs assemblées coloniales, celle de la Martinique, au lieu de se borner à donner des notions franches sur ses localités, a affiché la prétention de décréter elle-même ce qui pourroit leur convenir, et qu'en même tems elle a trouvé un côté par lequel elle a pu montrer une apparence de respect pour la constitu-

_____

(1) Telles que celles qui résultent des différences de la population, de la division des terreins, etc.

H 3

tion ; elle a tâché de persuader qu'elle obéissoit à
un décret de l'assemblée nationale, lors même
qu'elle reprochoit ce décret à ses députés (1), lorsqu'elle ne vouloit la révolution que parce qu'elle
ne pouvoit l'empêcher, ou parce qu'elle comptoit
la plier à ses vues.

M. Damas dit, que si la ville de Saint-Pierre
vouloit éprouver un attachement véritable à la
constitution, elle devroit obéir provisoirement et
attendre le jugement de l'Assemblée nationale ;
mais la ville de Saint-Pierre n'a-t-elle pas eu cette
obéissance passive ? L'assemblée coloniale, après
lui avoir retiré avec sa municipalité tous les moyens

---

(1) Elle leur écrivoit le 25 Mai : « Comment n'avez-
» vous pas dit à l'Assemblée nationale que ce pays-ci ne
» ressembloit en rien à la France ; que si elle a cru devoir
» adopter pour le royaume le mode de représentation par
» population, ce mode étoit inadmissible à la Marti-
» nique........ Si, par cas, nous nous fussions trouvés à
» votre place, nous eussions dit à l'Assemblée nationale :
» *Nous ne nous permettrons pas de discuter si des formes*
» *démocratiques conviennent à un grand royaume*, mais
» nous pouvons vous assurer qu'elles sont incompatibles
» avec la maniere d'être de la Martinique........ *Gardez-*
» *vous de mettre sur le même rang le peuple des villes et le*
» *cultivateur des campagnes*......... N'oubliez pas que la
» colonie est toute entière dans ses *planteurs* ».

de s'expliquer librement, ne l'a-t-elle pas retenue dans les liens de l'oppression pendant trois mois ? A-t-elle vu quelques mouvemens d'insurrection, lorsqu'elle a été jusqu'à défendre de parler sur les événemens de la révolution, qu'elle désignoit sous le nom d'*emeutes populaires* (1) ? A-t-elle eu d'autre agitation que celle d'une douleur concentrée, lorsque les citoyens arrêtés contre toute justice, ont été transférés des navires leurs premieres prisons, dans la geole de Saint-Pierre, et dans les caze-mates du Fort-Bourbon ? N'a-t-on pas souffert tout ce que l'assemblée coloniale a arrêté, a décrété au mépris des principes les plus sacrés de la consti-tution ? Mais quand elle a persisté dans son injuste et inflexible dureté, M. Damas a été le premier à réclamer; les soldats n'ont pu résister aux cris de l'humanité. Saint-Pierre invité par M. Damas, par les soldats, par les malheureux qui étoient déli-vrés, a fait entendre le langage de la raison; se taire alors, eût été un crime; et lorsque l'assem-blée coloniale a encore résisté, lorsqu'elle a re-poussé toute idée de rapprochement, lorsqu'elle a voulu écraser tout, plutôt que de céder, étoit-il possible de lui obéir, sans partager avec elle l'op-probre dont doivent être couverts les ennemis de la constitution ?

---

(1) Arrêté du 22 Juillet, art. III.

Qui ne voit même combien leur haine a un caractere plus criminel encore ici qu'en France? Ceux qui s'y livrent seroient réduits à la même impuissance que dans le reste de l'Empire, s'ils n'avoient plongé dans l'erreur les affranchis & les esclaves, s'ils ne les avoient armés sous l'espoir de paroles mensongeres qu'ils sont loin de vouloir leur tenir (1)! Sans ce moyen odieux, il n'y avoit, il ne pouvoit y avoir aucune apparence de guerre; le directoire dont la formation inconstitutionnelle est anéantie par le décret du 29 Novembre, n'auroit pu persister à garder contre la loi des citoyens dans les fers; la colonie entière avoit été con- sultée par la nomination de commissaires con-

---

(1) L'assemblée coloniale faisant part à ses députés de ses projets de constitution et de rivalité avec l'Assemblée nationale, dans une lettre du 4 Avril 1790, leur disoit, sur les gens de couleur libres : « S'il faut leur céder des » avantages, il ne faut le faire qu'avec beaucoup de cir- » conspection, et pas à pas, garder toujours quelques fa- » veurs pour les circonstances à venir, et *ne pas se mettre* » *dans l'impossibilité de les contenir et de les capter* ». C'est pour cela qu'elle avoit donné ordre de réclamer pour la colonie, sous la sanction immédiate du roi ou de son re- présentant, *le pouvoir législatif absolu,* pour tout ce que son régime intérieur a de particulier, concernant les affranchis et les esclaves, et qu'elle se l'est arrogé elle-même par son arrêté du 12 Juillet : voilà comme elle préparoit de loin l'opposition de la force à la justice.

ciliateurs, comme la ville de Saint-Pierre les demandoit, prouvant si bien par-là qu'elle n'avoit aucune envie de domination; eh! que lui manquoit-il, dans les premiers jours de Septembre pour dissiper le directoire et pour dominer? Maîtresse des forts, des magasins, de l'artillerie, de toutes les munitions de guerre, ayant les troupes de ligne pour elle, elle n'avoit qu'à mettre à la main de ses esclaves les armes dont une si grande quantité étoit à sa disposition; elle n'avoit qu'à prendre dans ses magasins de quoi les séduire par de meilleurs habillemens, elle n'avoit qu'à leur promettre la liberté & des conquêtes, elle pouvoit avoir dans un clin d'œil une armée considérable, à laquelle rien n'auroit résisté dans les campagnes, puisqu'il n'y avoit encore ni fortifications, ni embuscades, ni munitions, et que l'intrigue n'avoit pas eu le tems d'y manœuvrer; mais loin de concevoir une aussi coupable idée, elle n'a secondé l'humanité des soldats que par des propositions de paix.... Avant le premier Septembre elle avoit attendu, sans agitation, que l'assemblée nationale renversât la puissance dont l'assemblée coloniale s'étoit injustement emparée, elle n'avoit fait entendre que la voix des paisibles réclamations. Après l'événement du premier Septembre qui lui a été étranger, jusqu'à ce que M. Damas l'ait autorisé à s'en occuper, elle n'a rien changé au régime qui lui avoit été imposé, elle n'a aspiré qu'à être l'asyle de la paix et de la sûreté; depuis ce tems, obligée de se défendre, entraînée dans la guerre, menacée, attaquée de toutes parts, ayant sans cesse à pleurer sur la mort de ses enfans ou de ses amis, sur les cruautés auxquelles ils étoient en proie, gardée par des troupes que leurs chefs avoient abandonnées, elle n'a vu commettre dans tout son parti aucun meurtre, aucune action avilissante; et au milieu de travaux, de peines de toute espèce, elle met la gloire de son patriotisme dans la constance et la modération.

Le directoire au contraire n'a suivi que de fatales combinaisons; plutôt que d'être juste avec les soldats, il a fui et entraîné M. Damas, et l'a enveloppé d'intrigues; il s'est cru offensé lorsqu'on lui a parlé de paix, et il a repoussé toute voie de conciliation; il a employé sa puissance précaire pour entraîner dans le précipice, M. Damas, les officiers de la marine et les mulâtres; l'armement des esclaves contre leurs maîtres n'a rien eu d'effrayant pour lui : les désastres, les assassinats n'ont rien eu d'atroce à ses yeux; il n'a vu d'utile que le maintien de son autorité révoltante qu'il appeloit légitime, qui va disparoître devant le décret, mais qui jusques-là aura eu un cours, tel que les fastes des empires n'en présentent pas un plus affreux (1).

Au Fort-Royal, le 10 Mars 1791, *signés les* commissaires réunis au Fort-Bourbon, CRAS-SOUS, président; MOREAU, MAURICE, secrétaires.

---

(1) Tous les faits avancés dans ce mémoire, sont prouvés par des pièces justificatives qui seront remises au Comité colonial.

De l'Impr. de TESTU, Successeur de la Veuve d'Houry, *rue Hautefeuille*, N°. 14.